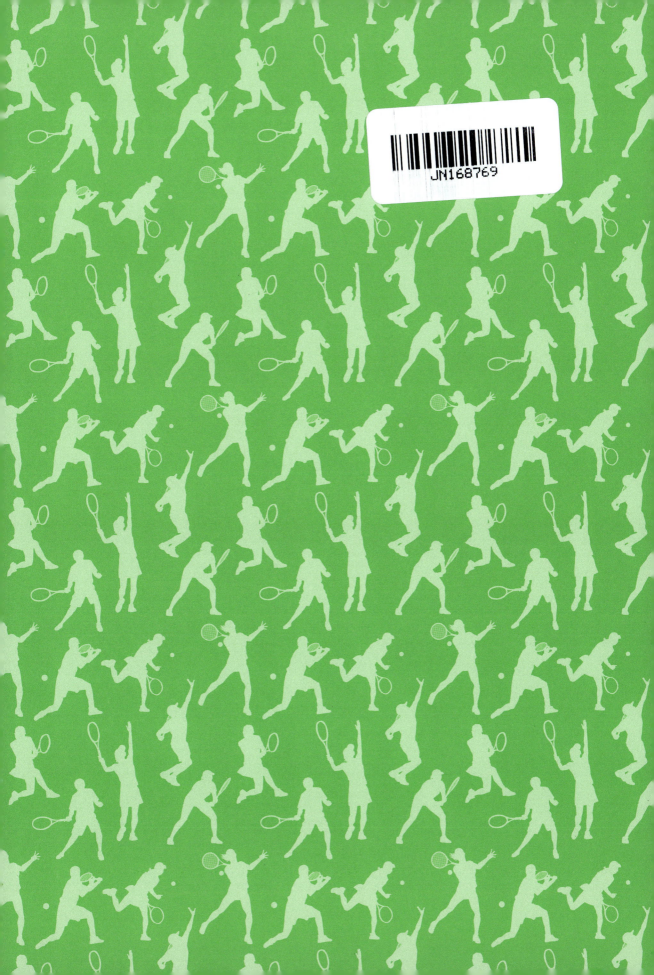

勝てる！強くなる！ 強豪校の部活練習メニュー

ソフトテニス

清明学園中学校
ソフトテニス部監督
高橋 茂 監修

金の星社

はじめに

　ソフトテニスというスポーツをより深く知ってみませんか。深く知ることで、ソフトテニスをするためのあなたの目標が、きっと見つかるはずです。

　せっかくプレーするのですから、「勝つ」ことを目標に掲げる人も多いと思います。では「勝つ」ためにはどうすればよいでしょ うか。まずはテニスを楽しんでください。思いっきりボールを打ったり、ゲームをたくさんしたりしましょう。楽しいと思えれば、ソフトテニスが好きになります。好きという気持ちが上達につながるのです。

　また、「最後までボールを打つ」ことを心がけましょう。アウトボールでも全力で走

　り、打つことで、心・技・体を磨くことができます。
　　負けた試合から学ぶことも大切です。どんなに練習していたとしても、負けたということは、足りないものがあったはずです。負けた試合を振り返って分析すれば、自分に何が足りないのかが見えてきます。そうして課題に取り組めば、勝利は必ず近づきます。
　　本書では、多くの練習方法を紹介しています。これらの練習をこなし、さらに自分で考え、工夫してみてください。目標達成へのステップを分析し、練習のときに何をすべきか考え、努力してみましょう。

本書の使い方
効果的な練習方法を知ろう

本書では、中学ソフトテニスの強豪校が実際に取り入れている練習を、写真やイラストを使ってわかりやすく解説している。ここで本書の約束事を確認してから練習に移ろう。なお、コート各部名称、知っておきたい用語はP.124〜125を参照しよう。

※ 本書は右ききを基本とした解説になっている。

テクニック・練習名
このページで解説されているテクニックや練習の名前。

ビジュアル
どんなテクニックなのか、わかりやすいように、写真を使って解説。足の動きやボールの動きなどは、矢印を使ってイメージしやすくしている。また、コートの図を使って、ボールや人の動きも解説している。

矢印や記号の種類

- ----▶ 移動する方向
- ──▶ ボールの動く方向
- ──▶ 足や手、体の動く方向
- ○ ◯ テクニックや練習の注目ポイント
- 選手に見立てたマーク
- ▲ コーン
- ● 鍛えている体の部位

---

03 グラウンドストローク

ミスをしないために準備は早く
ストロークの待球姿勢

ミスなく打つためには、次にくる打球への準備が重要だ。上半身はリラックスした状態で、すばやく次の動きができるような待球姿勢を身につけよう。

足は肩幅よりも少し広く開き、両ひざを曲げて腰を落とす

上半身は前屈みにならないように

ボールを打つときの待球姿勢で一番大事なのは、上半身をリラックスさせることだ。実際の試合では、どこにボールがとんでくるかわからないため、次のボールに対する準備が遅れるとミスにつながる。

足は肩幅よりも少し広く開き、両ひざを曲げる。上半身は前屈みにならないようにし、ラケットは、おへその高さくらいで真っすぐに構える。この姿勢を維持するためには、体勢が崩れそうになっても踏ん張れる力、つまり下半身の強さが必要だ。そのためにも、下半身を鍛えるトレーニングに取り組んでいきたい。

テクニックの内容
どんなテクニックなのか、どんなときに使うのか、どう試合に役立つのかを具体的に解説。

段階別のトレーニングメニュー
そのテクニックがうまくできるようになるための練習方法を2〜3の段階で解説。STEP1ができるようになったら、STEP2を練習する。少しずつ上達していく実感が持てるはずだ。

ポイント
練習で気をつけることやコツなど、大事なことが書かれている。

人数	練習に必要な人数
回数	練習回数の目安
道具	練習に必要な道具※
時間	練習の所要時間

※ほとんどの練習メニューでラケットを使うため、ラケットの表記は省略している。

やり方
練習の仕方や体の動かし方を順を追って解説。

STEP 1 姿勢を保つトレーニング① スクワットジャンプ

人数	1人	回数	10〜20回
道具	なし	時間	1分

Point 太ももの筋肉を鍛える

1. 真っすぐに立ち、肩の高さで両ひじを曲げる。
2. 両足をがに股にして、太ももの筋肉を意識しながら、ひざをしっかり曲げる（スクワット）。
3. ひざを曲げた状態から、両足そろえて真上にジャンプをする。

股関節（内股部分）をしっかり開いて、ひざを使って曲げ伸ばしをする。

STEP 2 姿勢を保つトレーニング② 股割り、腕つけ

人数	1人	回数	5回
道具	なし	時間	1分

Point つま先を上に向ける

1. できるだけ両足を開いて地面に座る。
2. 1の状態のまま、指先をうしろに向けて体の前に両手をつき、お尻を浮かせながらさらに足を開くようにする。
3. 両腕に体重をかけ、左右のつま先は上に向ける。10秒くらいその状態を保つ。

股関節をやわらかくするトレーニング。

VARIATION ネットプレーヤーの姿勢

両足は肩幅くらいに広げ、少しひざを曲げる。

ネットプレーは、コート後方で打つときよりも相手と近い距離でボールに対応しなければならない。距離が近い分、相手のボールがとんでくる時間も短い。どこにとんでくるかわからない相手のボールを、ネット前ですばやく動いて打ち返せる姿勢を身につけよう。
ネットプレーヤーは、ネットからラケット1.5本分の位置に立つのが基本だ。全身をリラックスさせた状態で、肩幅くらいに両足を広げ、体重は前にかける。上体は前屈みにならないように起こし、ラケットはネットよりも上に構えよう。

第1章 基本技術と練習メニュー

本書のおすすめの読み方

❶ チームの状態を知りたいときや、チームの弱点を克服したいときは、まずP.10を確認しよう！

❷ まんべんなく知りたい人は1章から順に読もう！

❸ 基本ができているなら、やりたい練習だけにチャレンジ！

バリエーション
段階別の練習とは別に、練習に関連した内容を紹介している。

ココが重要！
とくに重要な技術ポイント、マスターするためのコツを解説。

コーチからの熱血アドバイス
補足説明、取り組むときの注意点、マメ知識などを解説。

目次

はじめに ……… 2
本書の使い方 効果的な練習方法を知ろう ……… 4
練習を始める前に なりたい自分と弱点を知ろう ……… 10
弱点を知って練習メニューを立てよう！ ……… 12

第1章 基本技術と練習メニュー

道具の名称
01 ソフトテニスの用具 ……… 16

基本姿勢
02 ラケットの握り方 ……… 18

グラウンドストローク
03 ストロークの待球姿勢 ……… 20
04 フットワーク ……… 22
05 グラウンドストローク ……… 24
06 アンダーストローク ……… 26
07 サイドストローク ……… 28
08 トップ打ち ……… 30
09 ライジング ……… 32
10 ロビング ……… 34
11 カットストローク ……… 36
12 バックハンドストローク ……… 38

ボレー
13 正面ボレー ……… 40
14 ランニングボレー ……… 42
15 ローボレー／ハイボレー ……… 44

16 アタックボレー ……………… 46
    17 スイングボレー ……………… 48

スマッシュ
    18 スマッシュ（ジャンピングスマッシュ） ……… 50
    19 回り込みのスマッシュ ……………… 52

サービス
    20 サービス（トス） ……………… 54
    21 オーバーヘッドサービス ……………… 56
    22 カットサービス ……………… 58

レシーブ
    23 レシーブ ……………… 60

コラム　アウトボールを全力で返球しよう！ ……………… 62

第2章　ゲームを想定した実戦・練習メニュー

ボールをたくさん打つ
    01 ボールをたくさん打つ① ……………… 64
    02 ボールをたくさん打つ② ……………… 66
    03 ひたすらラリー ……………… 68

体の使い方
    04 フットワークの強化 ……………… 70

勝つ楽しさを知る
    05 勝つ楽しさを知ろう ……………… 72

ゲームづくり
    06 後衛サービスからの攻撃 ……………… 74

07 前衛サービスからの攻撃 …… 76
08 後衛レシーブからの攻撃 …… 78
09 前衛レシーブからの攻撃 …… 80
10 ショートボール …… 82
11 ショートボールで攻撃 …… 84
12 流し方向からの攻撃 …… 86
13 カバーリング力アップ …… 88

コラム　フォームづくりが先？
　　　　試合経験が先？ …… 90

第3章　試合に勝つための作戦

試合前のメニュー
01 試合中心の練習 …… 92
02 メンタル面を整える …… 94

試合中の注目点
03 試合当日のポイント …… 96

コラム　主役は誰なのか？ …… 98

第4章　トレーニング

ウォームアップ
01 ウォームアップ …… 100
02 上半身のウォームアップ …… 102

筋力アップ
03 筋力強化 …… 104
04 下半身強化 …… 106

05 瞬発力を高める ……… 108

神経系トレーニング

06 コーディネーション① ……… 110
07 コーディネーション② ……… 112

体の使い方

08 体の使い方をおぼえる① ……… 114
09 体の使い方をおぼえる② ……… 116

勝つためのチーム環境づくり

1 ボールが少ないとき ……… 118
2 コートが使えないとき①（室内練習） ……… 119
3 コートが使えないとき②
　（手づくりネットで簡易コートづくり） ……… 119
4 チームの意識を上げる ……… 120
　① だるまづくり＆寄せ書き
　② チームミーティング
　③ 親子テニス
5 部員不足 ……… 122
　① 少ない部員での練習内容
　② 他校との交流試合
6 負け試合から学ぶ ……… 123

これだけは知っておきたい
ソフトテニスの基礎知識 ……… 124

監修・学校紹介 ……… 126

> 勝てる！強くなる！

練習を始める前に
なりたい自分と弱点を知ろう

練習を始める前に、自分は何が苦手なのかを考えたり、弱点はどこかをチームで話し合ったりしてみよう。それがわかれば、どんな練習をすればよいかわかるはずだ。下の項目(こうもく)を確認(かくにん)して、自分の傾向(けいこう)や課題を知ったら、P.12〜14を見て練習メニューを考えてみよう。

総合

1. どんな練習をどれくらいやればよいのかわからない。
2. 気づけば、1日中同じ練習ばかりしてしまう。
3. 強豪校(きょうごうこう)がどんな練習メニューを立てているのか知りたい。
4. 1日でどんな練習をすればよいかわからない。
5. 1週間の練習メニューの計画を立てたいけど、何から始めればよいかわからない。

➡ **1つ以上あてはまったらP.12の 1 を見てみよう**

攻撃力(こうげきりょく)アップ

1. ラリーでアウトボールを打つことが多い。
2. コートの端(はし)や、相手を走らせるような位置へボールを打てない。
3. ボレーが苦手だ。
4. ネットに近いボールを返せなかったり、打ち返してもアウトボールになってしまったりする。
5. 甘(あま)く返されたボールで得点を取れないことがある。

➡ **2つ以上あてはまったらP.13の 2 を見てみよう**

守備力アップ

1. ラリーで打ち負けることがよくある。
2. コースの打ち分けができない。
3. 近い距離からとんでくるボールがこわい。
4. バックハンドが苦手だ。
5. ボールに追いつけず、返せないことがある。

➡ **2つ以上あてはまったらP.13の❸を見てみよう**

トレーニング

1. 打つときに体のバランスが崩れることがある。
2. ラケットでうまくボールをとらえられないことがある。
3. 試合のとき、最後まで走りきれなくなることがある。
4. 体がかたく、思ったような動きができない。

➡ **2つ以上あてはまったらP.14の❹を見てみよう**

---

1. 前衛と後衛、ペアでボールを見送ってしまうことがある。
2. 試合に慣れておらず、どんな攻め方をしたらよいのかわからない。
3. 試合前でも、いつもどおりの練習をしている。
4. 試合に向けて、みんなで気持ちを盛り上げていきたい。

➡ **2つ以上あてはまったらP.14の「作戦を立てよう」を見てみよう**

勝てる！強くなる！

弱点を知って練習メニューを立てよう！

P.10～11の質問には、いくつあてはまっただろうか？　自分やチームがどんなことを苦手としているか、少しわかったのではないだろうか。このページでは、それに応じてどんな練習をすればよいか、モデルケースを紹介するので参考にしてみよう。

1 強豪校の練習メニューを参考にしよう

練習メニューをつくり始める際、何から始めてよいかわからないこともあるだろう。それに、強いチームがどんな練習をしているかも気になるところだ。強豪校・清明学園中学校の1日と1週間の練習メニューを参考にしてみよう。

1日の練習メニューの例

7:30	登校、着がえ、アップ（15分）
7:45	ショートラリー（5分）
7:50	ボレーボレー（5分）
7:55	ラリー（5分）
8:00	スマッシュ（5分）
8:05	片づけ、クーリングダウン（10分）
15:30	着がえ、準備（15分）
15:45	ジョギング、ウォームアップ（30分）
16:15	キャッチボール 2人1組ラリーなど 前衛・後衛 分かれての練習 ゲーム形式（以上、60分）
17:15	トレーニング、クーリングダウン（15分）
17:30	片づけ（15分）

1週間の練習メニューの例（放課後）

月	2人1組ラリー、連続打ち込み
火	2人1組ラリー、前衛・後衛 分かれての練習
水	休み
木	2人1組ラリー 半面シングルス
金	連続打ち込み（スクワットストロークなど）
土	ゲーム形式
日	試合、練習試合

2 攻撃力アップの練習をしよう

　試合に勝つためには点を取らないといけない。いかにペアで連係して相手を攻め、点を取っていくかが重要となる。P.10の「攻撃力アップ」で1や2があてはまったら、動くボールを正確につかまえて確実に返すためのボールコントロールを練習しよう。3や4があてはまったら、ネット近くに落ちるボールを返すためのボレーの練習が必要だ。5があてはまったら、チャンスボールをしっかり決めるための練習をしよう。

menu A 　**1や2があてはまったら…ボールコントロールを練習しよう**
グラウンドストローク（P.20〜39）➡ フットワークの強化（P.70〜71）

menu B 　**3や4があてはまったら…ネット近くのボールを返す練習をしよう**
正面ボレー（P.40〜41）➡ ランニングボレー（P.42〜43）
➡ ローボレー／ハイボレー（P.44〜45）

menu C 　**5があてはまったら…チャンスボールを決める練習をしよう**
スマッシュ（P.50〜53）➡ スイングボレー（P.48〜49）

3 守備力アップの練習をしよう

　勝つためには、攻撃を受けているときに点を取られないように守り、攻撃へと切りかえることが必要だ。P.11の「守備力アップ」で1や2があてはまったら、返球のコースを考える練習をしよう。3があてはまったら、ネット際の練習をしよう。4や5があてはまったら、きき手と反対側に打たれたボールや、遠くに打ち返されたボールを返す練習をしよう。

menu A 　**1や2があてはまったら…ラリーの中で打ち分ける練習をしよう**
ロビング（P.34〜35）➡ カットストローク（P.36〜37）

menu B 　**3があてはまったら…ネット際の練習メニュー**
正面ボレー（P.40〜41）➡ アタックボレー（P.46〜47）

menu C 　**4や5があてはまったら…きき手の反対側や遠くに返された**
　　　　　　　　　　　　　　　ボールの返球練習メニュー
バックハンドストローク（P.38〜39）➡ カバーリング力アップ（P.88〜89）

4 トレーニングをしよう

速いボールを打つにも、速く走れるようになるにも、まずはソフトテニスをするための体づくりが必要だ。また、ラケットを自分の体の一部のように使えるようになることも重要だ。P.11「トレーニング」で1や2があてはまったら、運動神経を刺激する練習をし、スムーズに動きラケットを使えるようになるトレーニングをしよう。3や4があてはまったら、ソフトテニスに必要な筋肉を効率よくつけ、体をやわらかくするトレーニングをしよう。

menu A 1や2があてはまったら…スムーズに動けるようになるトレーニングをしよ
神経系トレーニング（P.110〜113）➡ 体の使い方（P.114〜117）

menu B 3や4があてはまったら…筋力トレーニング、ストレッチをしよう
ウォームアップ（P.100〜103）➡ 筋力アップ（P.104〜109）

作戦を立てよう

試合をする機会が少ない、前衛と後衛でどう動くのかわからない、ということもあるだろう。基本的な練習に加えて、実際の試合で使える攻めのパターンも繰り返し練習しておきたい。

P.11の囲みで1や2があてはまったら、ソフトテニスの基本的な攻め方を身につけよう。3や4があてはまったら、試合に向けた練習や、チームの気持ちをまとめる工夫をしよう。

menu A 1や2があてはまったら…攻撃パターンを身につける練習をしよう
サービスからの攻撃（P.74〜77）➡ レシーブからの攻撃（P.78〜81）

menu B 3や4があてはまったら…試合直前の練習メニュー
試合中心の練習（P.92〜93）➡ メンタル面を整える（P.94〜95）

第1章

基本技術と練習メニュー

01 道具の名称

道具の名称を知らないと始まらない
ソフトテニスの用具

道具をうまく使いこなすことができなければ、競技力は向上しない。道具を使う競技だからこそ、道具の名称や特徴を知っておこう。

> 試合に出場する際、背中にゼッケンをつける場合は、ホックでつける。

> 1年を通して試合があるため、特に夏場の試合では、帽子やサンバイザーをかぶるとよい。少しでも暑さをしのぎ、まぶしさを抑えることが大事。

ココが重要！

大会に出場するとき、ルール通りにユニホームを着ていないと、試合に出ることができない。ユニホームについてのルールは、しっかり理解しておこう！

試合で着るユニホームには、いくつかの決まりごとがある。上はそでと、えりのついた半そでシャツ、下はひざより丈の短いパンツが基本だ（女子の場合はスコートでもよい）。靴下は何色でもOKだが、ハイソックスは禁止されている。試合では、学校名もしくはチーム名、苗字を書いた白い布（ゼッケン）を背中につけなければならない。

STEP 1　ラケットの名称をおぼえる

- **グリップ** プレーヤーがラケットを握る部分
- **グリップエンド** グリップの一番下の部分
- **シャフト** ボールを打つガット部分と棒状のグリップをつなぐ部分
- **ラケットヘッド** ラケットの先端部分
- **ガット（ストリングス）** ボールを打つ面に張られた、ナイロン製などのヒモ状のもの

Point　非力なら2本シャフトを選ぶ

1. 左の写真を見て、ラケットの各部分の名称をおぼえる。
2. パワーのない選手には、2本シャフトのほうが使いやすい。中上級者の場合、ストロークを打つ機会の多い後衛は振りやすい1本シャフト、後衛よりも前でボールを打つ前衛は力負けしないように2本シャフトを選ぶことが多い。

STEP 2　シューズをしっかりはく

- **インソール** 中底
- **ソール** シューズの底

Point　いつもひもをしっかり結ぶ

1. 規定により、試合ではテニスシューズをはかなければならない。練習時からはき慣らしておこう。
2. 試合、練習に関係なく、シューズのひもはしっかり結ぶこと。
3. シューズのサイズが合っていないと、足を固定できず、転倒しやすくなる。サイズの合ったシューズを選ぼう。

STEP 3　ラケットの手入れ

ラケットがぬれてしまったら、水滴が残らないように隅々までふく。

Point　ラケットはこまめに手入れを

1. ラケットのガットが傷んでいないか気を配る。ガットの交換は半年に一度は行う。
2. ラケットを雨にぬれたままにしておくと、ガットの張りがゆるんだり、グリップテープがすべりやすくなったりする。すばやくタオルでふき取ることで、ラケットを長く使えるようにしよう。

02 基本姿勢

正しい握り方を身につける
ラケットの握り方

ソフトテニスでは、ラケットを手と同じ感覚で扱えるようになることが大切だ。そのためにも、ラケットの正しい持ち方をおぼえよう。

1 真っすぐに立ち、ラケットをきき手側の地面に置く。

2 ラケット面の上にきき手の手のひらを広げる。

3 手のひらをグリップのところまで下ろして握る。

4 その状態で立つ。このグリップの握り方を、ウエスタングリップという。

ソフトテニスのグリップの握り方は、大きく分けて3つある。1つは「ウエスタングリップ」で、基本の握り方だ。ほかに、「イースタングリップ」「セミイースタングリップ」がある。

まずは、幅広いショットが打てる、ウエスタングリップの握り方をおぼえよう。

 ココが重要!

ウエスタングリップは、ラケット面と手のひらが平行になる。写真は自分から見た握り方。

STEP 1　セミイースタングリップの握り方

ウエスタングリップに慣れたら、セミイースタングリップに挑戦しよう。

Point 中間の握り

1. 地面に対してラケット面を平行にして持った状態から、ラケットを45度傾ける。
2. 1の状態のまま、きき手の手のひらを真上からグリップに置く。
3. 2の状態のまま、グリップを握る。サービスやスマッシュに適している。

STEP 2　イースタングリップの握り方

イースタングリップで握ると、ラケット面をボールに当てづらい。手首の使い方が重要だ。

Point 地面に対して90度に握る

1. ラケット面を地面に対して90度に向ける。
2. 1の状態のまま、きき手の手のひらを上からグリップに当てる。
3. 2の状態のままグリップを握ると、イースタングリップの握り方になる。包丁握りともいわれる。イースタングリップは、サービスなどを打つ場合に使われる。

VARIATION　早い段階でグリップの握り方は直そう

正しい握り方ができるよう、ラケットのグリップの上からマジックで線を引いておく。いつでも正しい握り方を確認できる。

マジックで線を書いても握り方が直らないときは、手が動かないように固定する、ゴム製のストッパーを使ってみる。スポーツショップで購入できる。

グリップの握り方が安定しない場合は、打ったあとにすぐ確認するか、先輩や仲間にチェックしてもらおう。

第1章　基本技術と練習メニュー

03 グラウンドストローク

ミスをしないために準備は早く
ストロークの待球姿勢

ミスなく打つためには、次にくる打球への準備が重要だ。上半身はリラックスした状態で、すばやく次の動きができるような待球姿勢を身につけよう。

足は肩幅よりも少し広く開き、両ひざを曲げて腰を落とす

上半身は前屈みにならないように

　ボールを打つときの待球姿勢で一番大事なのは、上半身をリラックスさせることだ。実際の試合では、どこにボールがとんでくるかわからないため、次のボールに対する準備が遅れるとミスにつながる。
　足は肩幅よりも少し広く開き、両ひざを曲げる。上半身は前屈みにならないようにし、ラケットは、おへその高さくらいで真っすぐに構える。この姿勢を維持するためには、体勢が崩れそうになっても踏ん張れる力、つまり下半身の強さが必要だ。そのためにも、下半身を鍛えるトレーニングに取り組んでいきたい。

STEP 1　姿勢を保つトレーニング①　スクワットジャンプ

人数	1人	回数	10～20回
道具	なし	時間	1分

股関節（内股部分）をしっかり開いて、ひざを使って曲げ伸ばしをする。

Point　太ももの筋肉を鍛える

1. 真っすぐに立ち、肩の高さで両ひじを曲げる。
2. 両足をがに股にして、太ももの筋肉を意識しながら、ひざをしっかり曲げる（スクワット）。
3. ひざを曲げた状態から、両足そろえて真上にジャンプをする。

第1章　基本技術と練習メニュー

STEP 2　姿勢を保つトレーニング②　股割り、腕つけ

人数	1人	回数	5回
道具	なし	時間	1分

股関節をやわらかくするトレーニング。

Point　つま先を上に向ける

1. できるだけ両足を開いて地面に座る。
2. 1の状態のまま、指先をうしろに向けて体の前に両手をつき、お尻を浮かせながらさらに足を開くようにする。
3. 両腕に体重をかけ、左右のつま先は上に向ける。10秒くらいその状態を保つ。

VARIATION　ネットプレーヤーの姿勢

両足は肩幅くらいに広げ、少しひざを曲げる。

ネットプレーは、コート後方で打つときよりも相手と近い距離でボールに対応しなければならない。距離が近い分、相手のボールがとんでくる時間も短い。どこにとんでくるかわからない相手のボールを、ネット前ですばやく動いて打ち返せる姿勢を身につけよう。

ネットプレーヤーは、ネットからラケット1.5本分の位置に立つのが基本だ。全身をリラックスさせた状態で、肩幅くらいに両足を広げ、体重は前にかける。上体は前屈みにならないように起こし、ラケットはネットよりも上に構えよう。

04 グラウンドストローク

スムーズな足の動きで安定した姿勢を保つ
フットワーク

ボールに対してすばやく正確に動くことで、安定した姿勢からミスなくボールを返すことができる。日頃からフットワークを意識した練習をしておこう。

相手が打ってきたボールのところへ、できるだけ早く移動して打ち返すためには、スムーズなフットワークが必要だ。フットワークが乱れたり、遅かったりすると、ミスにつながってしまう。まずは、体の軸がぶれない安定した体勢で、足をすばやく動かすことを心がけよう。

コーチからの熱血アドバイス

ボールの位置にどのように入るか

フットワークをよくするためには、足を正確にバランスよく動かすことが重要だ。例えば最短距離の移動ではなく、打点に対して弧を描くように入っていくと、打点の修正もできるうえ、うしろから前へ体重移動をしながら打てるので、パワーのある球になる。

STEP 1 回り込みのフットワーク

人数	2人	回数	30本
道具	ボール、マーカー	時間	5分

マーカーは写真のように置く。回り込んで打つときは、弧を描くように移動するとラケットが振りやすい。

Point 弧を描くように移動する

1. 練習者はマーカーの右端に立つ。球出し役は、ネットの反対側から練習者と反対側のマーカーの端へボールを出す。
2. 練習者はマーカーの外側を走る。マーカーの真ん中あたりで右足をうしろに引き、体を前に向ける。
3. フォアハンド（→P.24）でボールを打つ。

STEP 2 ランニングストロークのフットワーク

人数	2人	回数	30本
道具	ボール	時間	5分

ボールまで距離があるため、走ってきた勢いを軸足1本で受け止め、体を思いきり回して打つ。

Point 軸足（右足）1本で打つ

1. 球出し役は、コートの外からコーナーに向けて、山なりのボールを出す。
2. 練習者は、ベースラインの中心にあるセンターマークのあたりから走り出す。
3. ボールに近づいたら、軸足（右足）に体重を乗せ、体のひねりを使ってネットの反対側へ打つ。

STEP 3 コーンを置いてステップ

人数	2人	回数	30本
道具	コーン	時間	5分

前屈みにならず、しっかりタッチする。

Point 足を止めて打つ

1. センターマークの右側にコーンを置き、その右に練習者は立つ。球出し役は、コートのコーナーへボールを出す（①）。
2. 練習者は走っていき、打つ（②）。打ったら、すぐに戻ってコーンにタッチする。
3. ①と②を繰り返す。体が流れないように、足を止めて打つことが大切。

第1章 基本技術と練習メニュー

05 グラウンドストローク

ワンバウンドのボールをコート深くに打ち返す
グラウンドストローク

ソフトテニスの試合で一番多いプレーが、ワンバウンドしたボールを打つグラウンドストローク。最初にマスターしなければいけないテクニックだ。

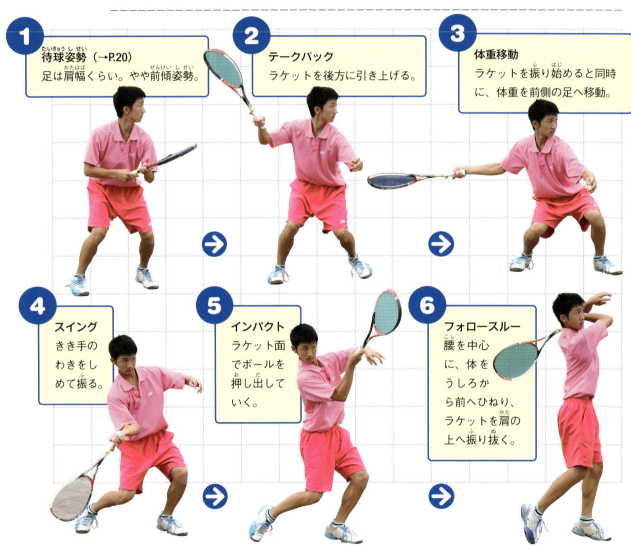

1 待球姿勢（→P.20）
足は肩幅くらい。やや前傾姿勢。

2 テークバック
ラケットを後方に引き上げる。

3 体重移動
ラケットを振り始めると同時に、体重を前側の足へ移動。

4 スイング
きき手のわきをしめて振る。

5 インパクト
ラケット面でボールを押し出していく。

6 フォロースルー
腰を中心に、体をうしろから前へひねり、ラケットを肩の上へ振り抜く。

　ソフトテニスでは、打点がかわると打ち方の名前がかわる。ただし、相手が打ってくるボールをワンバウンドさせて打つプレーは、すべてグラウンドストロークと呼ばれる。試合で相手とボールを打ち合うときは、ほとんどが、グラウンドストロークで行われる。だからこそ、攻めでも守りでも使いこなせるように、技術の幅を広げなければならない。

　また、ソフトテニスのプレーでは、グラウンドストロークに限らず、きき手側で打つことをフォアハンドといい、きき手の反対側で打つことをバックハンドという。

STEP 1 フォアハンドの練習

人数	2人	回数	30回
道具	ボール	時間	10分

打つ場所は軸足より少し前にする。自分に合った軸足の場所は、動きながらさがす。打つ方向はコート内ならばどこでもよい。

Point 打点は軸足よりも少し前

1. 球出し役は、練習者の右前に立つ。下手投げで、山なりのボールを出す（①）。
2. 練習者は、ボールを打つ側の足（軸足）を1歩出して、体重を乗せる。
3. 軸足から前側の足に体重を移しながら、フォアハンドで打つ（②）。ラケットは振り抜き、フォロースルーは大きくする。

STEP 2 バックハンドの練習
（バックハンドの打ち方はP.38参照）

人数	2人	回数	30回
道具	ボール	時間	10分

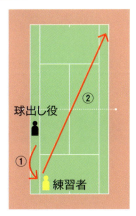

フォロースルーのとき、ラケットヘッドが上を向くようなイメージで振り抜こう。

Point 大きく振り上げ、胸を張る

1. 球出し役は練習者の左前に立つ。下手投げで、山なりのボールを出す（①）。
2. 練習者は、ボールに合わせて軸足を1歩出し、体重を乗せる。
3. 軸足から前側の足に体重を移動しながら、バックハンドで打つ（②）。フォロースルーは大きく振り上げ、胸を張る。

STEP 3 フォアハンドとバックハンドの練習

人数	2人	回数	30回
道具	ボール	時間	10分

1球ずつしっかり振りきろう。体勢が崩れたまま次のボールを打ちにいくと、ボールがとばない。

Point 軸足の位置をすばやく決める

1. 球出し役は練習者の正面に立ち、ゆるいボールを左右2〜3m先へ出す（①）。
2. 練習者はボールの方向に動く。
3. ボールがバウンドしたら、すぐに軸足の位置を決めて止まり、テークバックした状態で待つ。ボールを打ったあとは、逆サイドへ向かって走る。

06 グラウンドストローク

打点が低いボールを打つ
アンダーストローク

ストロークは、打点の違いで打ち方がかわってくる。ネットの近くに打たれる短いボールをひろうときに、打点を下げて打つのがアンダーストロークだ。

1 ひざをやわらかく使って腰を低くする。

2 打点が低いため、縦面で打つ。

3 ラケットは下から上へ振り上げる。

ラケットヘッドはグリップより下にする

打点の低いグラウンドストロークをアンダーストロークという。試合では、ネット前に打たれた短いボールを前につめて取ることが多いため、打つときに前屈みになって、体のバランスを崩さないように注意する。ひざを使い、腰を低くしてボールを打とう。

ココが重要！

アンダーストロークでは、下向きの縦面で、わきをしめてコンパクトなスイングをする。アンダーストロークの縦面は、ラケットヘッドがグリップより下向きになり、地面に対してラケットを立てたような状態にする。

STEP 1　縦面を使ってノーバウンドで打つ

人数	2人	回数	30回
道具	ボール	時間	5分

縦面を意識して、下から上へラケットを振る。

Point 縦面の感覚をおぼえる

1. 練習者は、ベースライン付近で待球姿勢をとる。球出し役は、練習者のななめ前から山なりのボールを出す。
2. 練習者は、ラケットヘッドを下に向けた縦面で、アンダーストロークで打つ。ネットの上15cmあたりを通し、相手のベースライン付近に落ちるように長くとばす。

STEP 2　ネット前でのストローク

人数	2人	回数	30回
道具	ボール	時間	5分

ひざを曲げ、腰を低くしてボールをとらえる。

Point コンパクトなスイング

1. 練習者は、サービスライン付近で待球姿勢をとる。球出し役は、ネットの反対側からネット前に手投げでボールを出す。
2. 練習者は前につめ、アンダーストロークでストレートへ返球。ネット際なので、わきをしめたコンパクトなスイングをする。慣れたら、返球コースを打ち分ける。

STEP 3　左右連続ストローク

人数	2人	回数	30回
道具	ボール	時間	5分

練習者は、すばやく軸足（右足）の位置を決める。

Point 低い姿勢を保つ

1. 練習者は、ベースライン付近で待球姿勢をとる。球出し役は、練習者が2～3歩移動して打てるくらいのところへ、左右交互に手投げで低いボールを出す（①）。
2. 練習者は、アンダーストロークを打つために低く構える。体はネットに対して横向きのまま移動して、返球する（②）。

07 グラウンドストローク

ラリーを長く続ける力が身につく
サイドストローク

基本中の基本といえるストローク。腰くらいの高さのボールを、ラケットを地面と平行に振り抜いて打っていく。

1 テークバックしたときに、軸足（右足）に体重を乗せる。

2 ラケットヘッドを遅らせながら、ラケットをしならせるようにして横面で打つ。

　試合中のラリーで行われるストロークやレシーブなどで、最も打つ機会が多いのがサイドストロークだ。このストロークを打つときの体の使い方が、さまざまな高さのボールを打つための基本となるため、しっかり練習しておぼえておきたい。

　きき手側で打つフォアハンドでも、きき手の反対側で打つバックハンドでも、ポイントは同じ。①うしろから前への体重移動、②お尻とひざを低くし、下半身でボールをとばすイメージ、③ラケットヘッドを遅らせてグリップからスイングする、という3点を意識して打つとよい。

STEP 1　横面でノーバウンド

人数	2人	回数	30回
道具	ボール	時間	5分

ラケットを地面と平行に振ることを「横面」という。横面で打つために、ひざを曲げてお尻を低くする。

Point　ボールに回転をかける

1. 練習者は、ベースライン付近で待球姿勢をとる。球出し役は、練習者のななめ前から手投げで山なりのボールを出す。
2. 練習者は、ラケットを地面と平行に振り抜き、ノーバウンドで打つ。打つコースは自由。打ったあとは、ラケットを上へ振り抜くこと。

STEP 2　うしろからの手投げを打つ

人数	2人	回数	30回
道具	ボール	時間	5分

見えない位置からのボールに対応することで、すばやくボールに反応できるようになる。

Point　打点にしっかり入る

1. 練習者は、ベースライン付近で待球姿勢をとり、球出し役は、そのうしろに立つ。
2. 球出し役は、山なりのボールを手投げで練習者の体の前に出す。
3. 練習者は、うしろから出されたボールの落下点を見極めて、すばやく軸足（右足）の位置を決め、腰くらいの高さで打つ。

STEP 3　連続10本打ち

人数	2人	回数	5回
道具	ボール	時間	5分

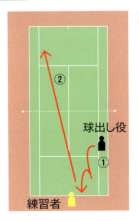

すぐ次の準備のため構える。

Point　すばやく構えてミスなく打つ

1. 練習者は、ベースライン付近で待球姿勢をとる。球出し役は、練習者のななめ前から10本連続で、腰くらいの高さにバウンドするボールを手投げで出す（①）。
2. 練習者は、ボールのバウンドに合わせて動き、リズムよく連続で打つ（②）。ラケットが横面になるように意識する

第1章　基本技術と練習メニュー

08 グラウンドストローク

力強くスピードのある球でポイント力アップ
トップ打ち

胸から肩くらいの高さで打つのがトップ打ち。バウンドしたボールを一番高い打点から押し出していくため、非常に力強く、スピードのある打球になる。

1 ボールを体に引きつける。

2 肩あたりの高い打点でボールをとらえる。

3 踏み込み足を伸ばし、体をスムーズに回転させる。

ラリーをしていて、相手が打ちそこなったり、相手の返球が甘くなったりして、コートの中央あたりに山なりのボールが落ちてきたら、トップ打ちで攻めていこう。

トップ打ちは、スピードがあり、パワーのあるショットを打てる。しっかりミスなく打てれば、最も攻撃的なショットといえる。うしろから前へ体重移動をしながら、体全体を使って、高い打点のボールをラケット面で長く押し出していこう。

STEP 1　ノーバウンドで打つ

人数	2人	回数	30回
道具	ボール	時間	5分

踏み込んだ左足に体重を乗せて、体全体でスイングしていくイメージ。肩あたりの高い打点で振り抜く。

Point　高い打点で振り抜く

1. 練習者は、ベースライン付近で構える。球出し役は、練習者のななめ前から手投げで山なりのボールを出す。
2. 練習者は、ノーバウンドのボールをトップ打ちで打つ。その際、上半身はリラックスさせ、下半身は地面に根っこが生えているように安定した状態にする。

STEP 2　机の上のボールを打つ

人数	2人	回数	30回
道具	ボール、机	時間	5分

机がなければ、70cmくらいの高さの台に、板などを置いて代用する。

Point　平行にスイングする

1. ベースラインより1m前あたりに、机を置く。練習者は机の上に打点がくるように、左ななめうしろで待球姿勢をとる。
2. 球出し役は机の横に立ち、ボールが机の上でバウンドするように手で落とす。
3. 練習者は、机にあたらない高さで、地面と平行にラケットを振り抜き、打つ。

STEP 3　連続ノーミス

人数	2人	回数	1回
道具	ボール	時間	5分

体をしっかり回転させて、高い打点から威力のある球を打とう。試合を意識し、集中力を途切れさせない。

Point　集中力を途切れさせない

1. 練習者は、ベースライン付近で待球姿勢をとる。球出し役は、ななめ前から手投げで山なりのボールを出す。
2. 練習者は、バウンドしたボールをトップ打ちする。自分の決めたコースに、10本ミスをしないように打ち込む。失敗したら0本からやり直す。

第1章　基本技術と練習メニュー

09 グラウンドストローク

速いタイミングで打っていく
ライジング

バウンドしたボールを、速いタイミングで打ち返していくのがライジングだ。返球までの時間が短いため、とても攻撃的なストロークといえる。

1 ボールがバウンドし、はね上がってきたところをを打つ。

2 軸足をうしろに蹴って、体の回転に勢いをつける。

3 ボールを押し出しながら、踏み込み足（左足）ではねて、体の回転を高める。

　バウンドしてはね上がってきたボールを、速いタイミングで打つのがライジングだ。返球までの時間が短くなり、相手に次のボールへの準備時間を与えない。つまり、ミスを誘いやすい攻撃的なショットといえる。

　速いテンポで打つ分、体のバランスを崩しやすいので、下半身の踏ん張る強さが必要になる。前で打つことを意識して、バウンドしたボールのはね上がったところをねらうこと、軸足（右足）をうしろに蹴り出し、踏み込み足（左足）もはねるイメージで打っていくことで、すばやく体を回転させよう。

STEP 1 左右に振られて連続打ち

人数	2人	回数	30回
道具	ボール	時間	5分

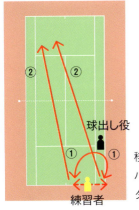

移動することに集中せず、バウンドのはね上がりのタイミングを逃さず打つ。

Point 動いてタイミングをつかむ

1. 練習者はベースライン付近で待球姿勢をとる。球出し役はサービスラインから左右交互に山なりのボールを出す（①）。
2. 練習者は左右に移動しながら、ボールがバウンドしたところを速いタイミングでクロスに打つ（②）。体は横向きのまま、すばやく左右に移動する。

STEP 2 長い距離を動いて打つ

人数	2人	回数	30回
道具	ボール	時間	5分

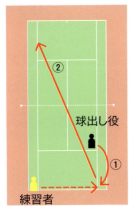

打点を下げず、速いタイミングを意識して打てるように、落下点まですばやく走ろう。

Point 落下点へすばやく走る

1. 練習者は、コートの左側のベースライン付近で待球姿勢をとる。
2. 球出し役は、コートの右側のサービスラインに立ち、手投げで山なりのボールを右側のコーナーへ出す（①）。
3. 練習者は、ボールに向かって走り、ライジングで打つ（②）。

STEP 3 ベースラインから離れない

人数	2人	回数	30回
道具	ボール、マーカー	時間	5分

うしろに下がれない練習者は、より速いタイミングで打たなければならないため、コツをつかみやすい。

Point 速いタイミングで打つ

1. ベースラインからラケット2本分うしろの場所に、マーカーで目印を置く。
2. 球出し役は、ネットの反対側からベースライン付近に、ラケットでボールを出す。
3. 練習者は1のマーカーからベースライン付近の限られたスペースで、ボールを打つ。球出し役とクロスでラリーをする。

第1章 基本技術と練習メニュー

10 グラウンドストローク

前衛に取られないように高さをつける
ロビング

相手に攻められたとき、ラリーをつなげるために打つのがロビング。自分の体勢を立て直すためや、相手の前衛に取られずにコースをかえるときに使う。

1 相手にロビングを打つことがわからないように、テークバックは他のストロークと同じように構える。

2 ラケットは下から上へ振り抜き、高さをつける。

　厳しいコースに、力強くスピードのあるボールを相手から返されたとする。それを同じように、力強くネットすれすれに打ち返そうとしても、コースが甘くなり、相手前衛に強く打ち返されて失点してしまう。だから、相手の攻撃的なボールは、相手前衛が打てない高さのボールで返さなければならない。そのような高さをつけたボールをロビングという。

　また、守備的な考え方だけではなく、後衛が相手前衛に打たれることなくコースを変更したいときにも、ロビングを使う。攻守で役立つショットだ。

STEP 1　バスケットボール投げ

人数	2人	回数	10回
道具	バスケットボール	時間	1〜2分

バスケットボールを投げながら、腰の回転、体の回転の仕方をおぼえる。

Point　下から上へのスイング

1. 2人組になって、ベースラインとネット前に向き合って立つ。
2. 1人が両手でバスケットボールを持ち、きき手側でストロークを打つように、上体をひねって投げる。
3. 2の要領で、2人でバスケットボールを投げ合う。

STEP 2　防球ネットを越えるロビング

人数	2人	回数	30回
道具	ボール	時間	5分

ラケットを下から上へ振り抜いて、防球ネットを越えるロビングを打とう。

Point　ラケットを振り抜く

1. ベースラインから3m先に、2mくらいの高さの防球ネットを立てる。
2. 練習者の右ななめ前から、球出し役が手投げでボールを出す。
3. 練習者は防球ネットに当てないように注意しながら、ネットの向こう側へストレートのコースにロビングを打つ。

STEP 3　ライジングから中ロブ

人数	3人	回数	10回
道具	ボール	時間	5分

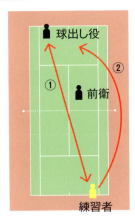

前衛は、ロブに手が届くようなら打ち返す。練習者は、球種を悟られないように、他のストロークと同様にテークバックを高くして構え、打点をやや前にして早いタイミングで打つ。

Point　前衛に取られない高さ

1. 練習者と球出し役がクロスのコースに入り、ラリーをする（①）。球出し役側のネット前には、前衛が立つ。
2. 練習者は、前衛が上げたラケットの10〜20cmくらい上を目がけて、取られないようなスピードのあるロビング（中ロブ）を打つ（②）。

第1章　基本技術と練習メニュー

35

11 グラウンドストローク

ボールに回転をかけてリズムをかえる
カットストローク

打つ瞬間にラケットでボールの下側をこすり、回転（スライス回転）をかけるのがカットストロークだ。ラリーのリズムをかえたいときに使う。

1 ほかのストロークと同様のテークバックをとる。

2 ボールを打つ直前にラケットを下げ、小さめのスイングに。

3 できるだけ打点を前にしてボールを運ぶイメージでスイング。

4 ラケット面でボールを運ぶ時間が長ければ深いボール、運ぶ時間が短ければ短いボールが打てる。

打つ瞬間、ラケット面をななめに入れて、ボールを切るイメージで回転をかける打ち方。ボールが回転することにより、相手がとりにくくなる。相手の位置によって、ネット近くへ打つ短いボールや、遠くまでとばす深いボールにすると、時間かせぎになり、体勢を立て直せる。

コーチからの熱血アドバイス

厳しいボールのときはカットストロークで返球

ネット際にボールを打たれたときなど、腕を伸ばしてもスイングができない場合は、カットストロークで返球してみよう。相手にとって取りづらいボールなので、さらなる攻撃を防げる。

STEP 1　長めのカットストローク

人数	2人	回数	30回
道具	ボール	時間	5分

手打ちにならないよう、体全体でフォロースルーをして、ボールを押し出すイメージでラケットを振る。

Point　ボールを押し出すイメージ

1. 練習者は、ベースライン付近で待球姿勢をとる。球出し役は、ななめ前から手投げでゆるいボールを出す。
2. 練習者は、ラケット面をななめにし、ボールの下側を切るように打つ。打球時は、ボールを長く押し出すようにして、相手のベースライン付近をねらう。

STEP 2　短めのカットストローク

人数	2人	回数	30回
道具	ボール	時間	5分

ラケット面とボールがふれる時間が短いと、ネット際に落ちる短いボールになる。

Point　ボールの下側をシュッと切る

1. 練習者は、ベースライン付近で待球姿勢をとる。球出し役は、ななめ前から手投げでゆるいボールを出す。
2. 練習者は、ラケット面をななめにし、ボールの下側をシュッと短く切るように打つ。フォロースルーも上から下へ振り下ろす。

STEP 3　フォローのためのカットストローク

人数	2人	回数	30回
道具	ボール	時間	5分

攻撃されたときの守りの練習なので、相手コートに大きく深く返し、体勢を整える時間をつくる。

Point　体を開き回転をかける

1. 練習者は、コート中央で待球姿勢をとる。
2. 球出し役は、ネットの反対側からクロスコーナーへ、練習者が走り込んで取れるような速さのボールを出す。
3. ボールが出たら、練習者はクロスへ走る。体の正面をネットに向けて腕を伸ばし、カットストロークで打つ。

第1章　基本技術と練習メニュー

12 グラウンドストローク

きき手の反対側にきたボールを返す
バックハンドストローク

苦手意識を持ちやすいバックハンド。しかし、一度フォームをおぼえてしまえば、フォアよりもミスが少ないストロークでもある。

1 軸足を固定して、上体をしっかりひねる。

2 ひねった上体を元に戻すように、軸足に乗せた体重を前へ移動させる。

3 腰の回転をいかして、ボールを前へ押し出していく。

きき手の反対側で打つバックハンドは、力が入りづらく、ボールをとばしにくいため、多くの選手が苦手意識を持っている。そのため、バックハンド側を攻められることも多い。

なかには、バックハンド側にボールがとんでくると、回り込んでフォアハンドで打つ選手がいる。しかし、回り込む分、返球までに時間がかかるという難点がある。バックハンドが打てれば回り込む時間を短縮でき、相手への返球が速くなる。バックハンドを習得してすばやく返球し、相手から準備するための時間を奪うことで、ミスを誘おう。

STEP 1 ワンハンドで打つ

人数	2人	回数	30回
道具	ボール	時間	5分

力が入りにくいバックハンドは、腰の回転を使う。

Point 腰の回転でボールを押し出す

1. 練習者は、ベースライン付近で待球姿勢をとる。球出し役は、ななめ前から手投げでゆるいボールを出す。
2. 練習者は、バックハンドでストレートに打つ。上体のひねりを戻すとき、腰をするどく回転させ、ボールにパワーを加えると、力強いボールが打てる。

STEP 2 両手打ち

人数	2人	回数	30回
道具	ボール	時間	5分

高い打点から右手を左手で押しながら打っていくため、威力が増す。腕力のない選手や女子選手に適している。

Point 左手で右手を押し出す

1. 練習者は、ベースライン付近で待球姿勢をとる。球出し役は、ななめ前から手投げでゆるいボールを出す。
2. 練習者は右ひじの内側に左手をそえ、両手で押し出ようにバックハンドで打つ。力強くするどいスイングができる。

STEP 3 ネットプレーヤーのバックハンド

人数	2人	回数	30回
道具	ボール	時間	5分

前衛はレシーブ後にネットへつめて行くため、スイング後のフォロースルーを小さくする。

Point 小さめのフォロースルー

1. 球出し役は、ネットの反対側の逆クロスから、サービス（→P.54〜59）を打つ。
2. 練習者は前衛の選手として、エンドライン付近からバックハンドで打ち返す。
3. 返球後はすぐに動けるように、上体を真っすぐに立て、すばやく前進してネット前に立つ。

第1章 基本技術と練習メニュー

13 ボレー

ノーバウンドのボールを打つ
正面ボレー

ボレーはノーバウンドのボールを打つショットだ。ネットのすぐ前で動き、相手から短距離、短時間でボールを打ち返すため、攻撃性が高い。

1 ネット前に構え、1歩前に右足を出す。

2 ラケットヘッドを上にした縦面で、ラケットを押し出す。

3 ラケットは決して振らず、ラケット面を相手に向けたままにする。

　ボレーとは、ノーバウンドのボールの勢いをラケット面で受けとめ、その勢いをいかしてはね返すショットだ。例えば、正面ボレーは1歩踏み込んで取れる範囲のボールを、体の正面でラケット面を真っすぐ前に押し出せるような体勢で打つ。

　前衛の正面にボールがくるのは、相手が前衛にボールをぶつけてボレーミスを誘ってくるときなどだ。恐怖心をすてて、相手のパワーのあるボールをしっかり止めなければならない。また一方で、相手が打ち損じたボールが、正面ボレーで返せる範囲にくることもある。その場合は、ラケット面でしっかり押し出して攻めていこう。

STEP 1　手投げでボレー

人数	2人	回数	30回
道具	ボール	時間	5分

ゆるいボールで正面ボレーに慣れよう。

Point　ノーバウンドの感覚をつかむ

1. 球出し役は、ネット前2mくらいのところから、下手投げでゆるいボールを出す。
2. 練習者は、ネットをはさんで球出し役の正面に立つ。ボールが出てきたら右足を1歩踏み込み、ボールに対してラケット面を真っすぐに出して打つ。打球後もラケットは振らない。

STEP 2　フォアボレーとバックボレー

人数	2人	回数	30回
道具	ボール	時間	5分

打球と同時に踏み込む足に体重を移動し、ボールに勢いを加える。

Point　ボールに合わせて肩を引く

1. 球出し役は、ネットの反対側からラケットで直線的なボールを出す（①）。
2. 練習者はネット際に立つ。テークバックは、フォア側にボールがきたら右肩を引き、バック側にきたら左肩を引く。
3. ボールがフォア側にきたら右足、バック側なら左足を1歩出してボレーする（②）。

STEP 3　走ってきてボレー

人数	2人	回数	30回
道具	ボール	時間	5分

打つ前に止まってラケットを引き、踏み込み足を1歩出してボレーしよう。

Point　打つ前に止まる

1. 練習者は、ネットからラケット4本分、うしろに立つ。
2. 球出し役は、ネットの反対側からラケットで直線的なボールを出す（①）。
3. 練習者はネットにつめる。自分の体の前でボールが打てるように、タイミングをはかってボレーをする（②）。

第1章　基本技術と練習メニュー

14 ボレー

移動してコースに入る
ランニングボレー

近いボールは正面ボレーで返すが、遠いボールをとる場合は、走って移動しながら、ラケット面を残してボレーをする。

1 ボールを打つところまで移動。

2 軸足(じくあし)のひざを少し曲げて、体重を乗せる（ためをつくる）。

3 ラケット面でボールを押(お)し出(だ)し、面は残す。

　ランニングボレーには、自分の後衛の方向に打ってきたボールを打つボレー（ポーチボレー）と、後衛がいないサイドに打ってきたボールを打つボレーがある。どちらも、自分から離(はな)れた場所にとんでくるボールを打つので、すばやく移動しなければならない。打つコースは４つに分かれる。右ききの場合、クロスのボールを打つときは自分の体より右側に打つ「流しのフォアボレー」、逆クロスのボールを打つときは自分の体より左側に打つ「流しのバックボレー」がある。右のストレートのボールは自分の体より左側に打つ「引っ張りのフォアボレー」、左のストレートのボールは自分の体より右側に打つ「引っ張りのバックボレー」だ。

STEP 1　流しのフォアボレー

人数	2人	回数	30回
道具	ボール	時間	10分

軸足に体重を乗せて打つとともに、踏み込む足へ体重を移動させる。

Point　体重を軸足から前へ移動

1. 練習者は、左側のポジションに立つ。
2. 球出し役は、ネットの反対側からクロスへ直線的なボールを出す（①）。
3. 練習者は、ななめ前につめてフォアボレーで流しの方向へ打つ（②）。体の前にボールを引きつけ、打点はややうしろにする。

第1章　基本技術と練習メニュー

STEP 2　流しのバックボレー

人数	2人	回数	30回
道具	ボール	時間	10分

手首を使わず、ラケット面で打ちたいコースへ押し出していく。

Point　左肩を引くと右肩が出る

1. 練習者は、右側のポジションに立つ。
2. 球出し役は、ネットの反対側から逆クロスへ直線的なボールを出す（①）。
3. 練習者は、ななめ前につめる。テークバックで左肩を引くと同時に右肩を出して、バックボレーで流しの方向へ打つ。

STEP 3　引っ張りのフォアボレーとバックボレー（ストレート）

人数	2人	回数	30回
道具	ボール	時間	10分

写真は引っ張りのバックボレー（③・④）。左ななめ前に移動して打つ。

Point　ラケット面でコースを調整

1. 練習者は、コートの右側に立つ。
2. 球出し役は、ネットの反対側からストレートへ直線的なボールを出す（①）。
3. 練習者は、ななめ前につめてボレーをする（②）。打球後もラケット面をコート内側に向けて、コースを方向づける。左側もバックボレーを同様に行う（③・④）。

15 ボレー

相手ボールの高さに対応する
ローボレー／ハイボレー

ネットから離れた場所で、ノーバウンドで低いボールを打ち返すのがローボレー、高い打点で打つのがハイボレーだ。打点の差にも瞬時に対応しよう。

ローボレー

ひざを曲げてボールをとらえ、伸ばしながら打つ。

ハイボレー

軸足に体重を乗せ、打つと同時に踏み込み足に体重を移動させていく。ラケットは振らず、ボールを押し出した状態のままにする。

体の正面や足元をねらわれたボールを返すのがローボレー。ネットから離れたところでボレーを返すため、ひざをやわらかく使って、ラケット面にボールを乗せ、うしろから前へ運ぶイメージで打つ。ハイボレーはラケットを振らず、打ちたいコースへラケット面を残して打つ。

 ココが重要！

ローボレーでは、打つ前にひざを曲げて、軸足に体重を乗せよう。

STEP 1 イスに座ってローボレー

人数	2人	回数	30回
道具	ボール、イス	時間	10分

ボールを引きつけて、ラケット面に乗せて運ぶイメージでスイング。

Point 低い位置で打つ

1. サービスライン付近で、練習者はラケットを持ってイスに座る。
2. 球出し役は、ネットの反対側のベースラインから、ラケットで直線的なボールを出す。
3. 練習者は、座ったままラケットヘッドを下向きに振り、低い位置でボレーをする。

STEP 2 高低差をつけてボレー

人数	2人	回数	30回
道具	ボール	時間	10分

ハイボレーは、ラケットヘッドを高くして、上からたたくように打つ。

Point ひざをやわらかく使って対応

1. 練習者は、サービスライン付近で待球姿勢をとる。
2. 球出し役は、STEP1と同じ位置から高いボールや低いボールを出す。
3. 練習者は、ボールに合わせてひざをやわらかく使い、ローボレー、ハイボレーを打ち分ける。返球コースは自由。

STEP 3 2対1ですばやくボールに反応

人数	3人	回数	3回
道具	ボール	時間	10分

腰より低いボールはローボレー、胸より高いボールはハイボレーで返そう。

Point ボールの高さに合わせる

1. サービスライン付近に練習者、ネットの反対側に球出し役が2人入る。
2. ラリーを行う。球出し役の2人は、高いボールや低いボールを打つ。
3. 練習者は、ノーバウンドで返せる位置を予測して動き、どのボレーで返すかすばやく判断して打つ。

第1章 基本技術と練習メニュー

16 ボレー

相手の攻撃をピシャリと止める
アタックボレー

目の前で、相手に大きなスイングで強く打たれることがある。そのようなボールを打ち返すのがアタックボレーだ。

1 ボールを上から見て、踏み込み足（左足）を1歩前に出す。

2 ボールを上から押さえるように打つ。

自分をねらって打たれる強いボールを返すアタックボレーには、恐怖心がつきもの。打つときのコツは、体をネットに隠さず、打たれたボールを上から見ることだ。スピードが遅く、勢いの弱いボールから徐々に慣らしていけば、こわがらずにうまく打てるようになる。

ココが重要!

アタックボレーは近いところから打たれたボールを打ち返すため、正面ボレーのように肩を入れる余裕がない。そのため、右側にきたボールには右足を1歩出し、左側にきたボールには左足を1歩出して、体の正面でボレーをしよう。

STEP 1 かごを持ってボレー

人数	2人	回数	30回
道具	ボール、かご	時間	5分

体と顔をネットよりも上に出してボールを見よう。

Point ボールを上から見る

1. 練習者はネット前に立ち、ボールを入れるかご（お盆でもよい）を持つ。
2. 球出し役は、ネットの反対側からラケットで、直線的なボールをゆるめに出す。
3. 練習者は、かごに当ててボレーをする。ラケットより面積が広いため、こわがらずにボールを上から見ることができる。

STEP 2 手出しのボールでボレー

人数	2人	回数	30回
道具	ボール	時間	10分

近距離から出されるボールに慣れよう。

Point 右足を1歩出してボレー

1. 練習者はネット前に立つ。
2. 球出し役は、ネットとサービスラインの中間付近から、手投げで直線的なボールを出す（①）。
3. 練習者は、右足を1歩出してボレーをする（②）。球出し役は、ゆるいボールから始めて、徐々に強いボールを出していく。

STEP 3 自分から球出し後、ボレー

人数	2人	回数	30回
道具	ボール	時間	10分

実戦をイメージした練習ができる。

Point すばやくネットにつめる

1. 練習者は、ネットとサービスラインの中間付近に立つ。ネットの反対側のサービスライン付近にいる球出し役に向け、ラケットで山なりのボールを出す。
2. 球出し役は強く打ち返す。
3. 練習者は、すばやくネットにつめ、上から押さえるようにボレーで返す。

第1章 基本技術と練習メニュー

スイングボレー

甘い球はノーバウンドで打ち返す

相手からゆるく上がってきたボールを、ネットから離れた場所でボレーするのがスイングボレー。チャンスボールなので、大きなスイングで振り切る。

1 軸足（右足）に体重をかける。

2 ラケット面とボールがふれる時間を長くし、ボールをラケットで運ぶイメージで打つ。

3 大きなスイングで振り切る。

スイングボレーは、相手からの甘い返球をたたく攻めの打ち方だ。自分のところにボールがくるのを待ち切れず、体が前のめりになったり、力んでラケットを振ったりしやすいので注意。チャンスボールでしっかりポイントを取るためにも、反復練習をして、タイミングよく打つようにしよう。コツは次の通りだ。

まず、体が前のめりにならないように体の軸はまっすぐに保ち、軸足に体重をかける。次に、チャンスボールなので、大きなスイングで振り切る。その際、力強く打ちながら、ラケット面で運ぶようにボールを前へ押し出そう。

STEP 1　手出しの球を打つ

人数	2人	回数	30回
道具	ボール	時間	5分

テークバックで上体をひねり、ひねりを戻しながらラケットを振る。

Point　軸足に体重をかけ体をひねる

1. 練習者は、サービスライン付近に立つ。
2. 球出し役は、練習者のななめ前から、手投げで山なりのボールを出す。
3. 練習者は、ノーバウンドでスイングボレーをする。打点が前になりすぎて前のめりにならないよう、軸足に体重をかけて体をひねり、ためをつくって打つこと。

STEP 2　ラケットで出された球を打つ

人数	2人	回数	30回
道具	ボール	時間	5分

ボールを見て、打つタイミングを合わせる。

Point　ボールに合わせて軸足を出す

1. 練習者は、サービスライン付近に立つ。
2. 球出し役はコートの反対側から練習者のいる場所より少し前に、ラケットで山なりのボールを出す（①）。
3. 練習者は、ボールに合わせて少し前につめ、軸足の位置を決めてスイングボレーをする（②）。

STEP 3　実戦の形でスイングボレー

人数	2人	回数	20回
道具	ボール	時間	5分

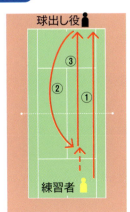

実際のラリーの中でも、相手がゆるい球を返してきたらスイングボレーをしてみよう。

Point　ゆるく上がったボールを打つ

1. 練習者と球出し役はコートの両側に分かれ、1対1でラリーをする。
2. 球出し役は、練習者が打ち返したボール（①）を、サービスライン付近にやや山なりに打ち返す（②）。
3. 練習者は、前につめてスイングボレーをする（③）。

18 スマッシュ

高さのあるロビングを通さない
スマッシュ（ジャンピングスマッシュ）

高さのあるボールを頭の上で思いきり打つのがスマッシュだ。試合では、ジャンプして空中で打つ、ジャンピングスマッシュを使うことも多い。

1 ジャンピングスマッシュでは、軸足（右足）でジャンプする。

2 ボールは高い打点でとらえる。

3 体全体を使って振り抜く。

相手が高さのあるロビングでコースを変更しようとするときや、打ちそこなったときに、山なりの球がとんでくる。そのボールを、頭上からラケットを振り下ろして強く打ち返すショットが、スマッシュだ。コート深くに打たれるロビングを返すときなど、試合ではジャンピングスマッシュを使うことも多い。

打つときは、ネットに対して体を横向きにし、足を前で交差させるようにして移動するクロスステップで、ボールの落下点まで行く。落下点にうまく入れないと、打点が低くなったり、ラケットの振り抜きがスムーズにできなかったりして、ミスにつながりやすい。体勢を崩さず、すばやく移動できるようにしよう。

STEP 1　左手で取る

人数	2人	回数	10回
道具	ボール	時間	3分

この動作を繰り返すことで、ラケットの振りがスムーズになる。

Point　左手越しにボールを見る

1. 練習者はネット前に立つ。
2. 球出し役は、ネットのななめ前から、手投げで高さのあるボールを出す。
3. 練習者はうしろに下がりながら、落下点に入る。スマッシュを打つようにラケットを引き、左手越しにボールを見て体をひねり、ボールを取る。

STEP 2　ジャンプを入れたボール投げ

人数	1人	回数	10回
道具	ボール	時間	3分

この練習を繰り返すと、ジャンピングスマッシュのスイングのタイミングをつかめるようになる。

Point　ジャンプしながら投げる

1. 練習者は、ラケットのかわりにボールを持って、ネットの前に立つ。
2. 足を交差させるクロスステップで、スマッシュを打つようにうしろに下がる。
3. 練習者は、サービスライン付近で、ジャンプしながらボールを投げる。

STEP 3　ジャンプを入れて1対1

人数	2人	回数	30回
道具	ボール	時間	10分

練習者は、1球ごとにしっかりと落下点に入っていこう。

Point　すばやく落下点に動く

1. 練習者はネット前、球出し役はベースラインに立つ。球出し役はサービスライン付近に山なりのボールを出す。
2. 練習者はすばやく落下点へ下がり、ジャンピングスマッシュをする。
3. 球出し役は、山なりのボールを打ち返す。練習者は連続でスマッシュを打つ。

第1章　基本技術と練習メニュー

19 スマッシュ

バック側にきたチャンスボールをたたく
回り込みのスマッシュ

自分のきき手の反対側、つまりバック側に上がったボールをスマッシュするときは、フォア側に回り込んでスマッシュする場合がある。

3 フォア側に回り込み、スマッシュを打つ体勢をとる。

2 落下点に近づいたところで、体の向きを180度かえる。

1 相手に背中を見せて下がる。

　バック側に山なりのボールが上がったときは、打点の高いバックのハイボレー（→P.44）でも打ち返せるが、あまり強いボールを打つことができない。
　そこで、身につけておきたいのが、回り込みのスマッシュだ。初めはネットに対して背中を向けてボールを追い、落下点まで半分くらいの距離まで近づいたら、体の向きを180度かえ、フォア側に回ってスマッシュを打つ。
　試合ではバック側を攻められることが多いため、回り込みのスマッシュができるようになれば、相手の攻撃の幅をせばめることができる。

STEP 1　回り込んで左手で取る

人数	2人	回数	10回
道具	ボール	時間	3分

練習者は、ラケットを持って回り込み、左手で取る。回り込みのスマッシュの動きが身につく。

Point　きき足の反対の足で踏ん張る

1. 練習者はネットの前に立つ。
2. 球出し役は、ネットの反対側のベースラインに立つ。練習者の左手側（きき手の反対側）のサービスライン付近に、ラケットで山なりのボールを出す。
3. 練習者は、きき足とは反対の足で踏ん張りながら回り込み、ボールを左手で取る。

STEP 2　球出しからのスマッシュ

人数	2人	回数	10回
道具	ボール	時間	3分

すばやく下がり、回り込んでスマッシュを打つ。コースは自由。

Point　すばやく下がり回り込む

1. 練習者はネット前に立つ。
2. 球出し役は、ネットの反対側のベースライン付近から、練習者の左手側（きき手の反対側）のサービスライン付近に、ラケットで山なりのボールを出す。
3. 練習者は、できるだけ早く移動し、回り込みのスマッシュを打つ。

STEP 3　コースを打ち分ける

人数	2人	回数	30回
道具	ボール	時間	10分

きき腕のひじを高く上げてラケットヘッドを下げ、体をひねりながらラケットを振る。

Point　打ちたい方向を向く

1. 練習者はネット前に立つ。球出し役は、STEP2と同じ位置からボールを出す。
2. 練習者（右ききの場合）は、回り込みのスマッシュを自分の体より左へ打つ「引っ張り」、右へ打つ「流し」の2コースに打ち分ける。打ちたい方向に、体とラケット面を向けてスイングする。

第1章　基本技術と練習メニュー

20 サービス

トスがサービスの確率を左右する
サービス（トス）

サービスはラリーの最初に行われ、自分でボールを上げてから打つ。サービスが入らなければ試合にならないので、確実に入れていきたい。

1 打ちたいコースを見て、左足に体重をかけて構える。

2 右足に体重をかけかえる。

3 右肩から左腕を真っすぐにしてボールを上げる（トス）。

4 軸足である右足に体重をかける（ためをつくる）。

打ち方はP.56へ

サービスは、ボールを上げるトスが命ともいわれる。トスがずれるとラケットの中心に当てづらくなり、ミスにつながる。頭の上で打つオーバーヘッドサービス（→P.56）のトスは、きき手と反対の手を肩から動かし、真っすぐ上にボールを上げるのがポイントだ。

ココが重要！

トスを上げるとき、ボールをギュッと握ってしまうと力んでしまい、まっすぐにボールが上がらない。手のひらにガラスのコップを持っているように優しく握るようにしよう。

 ✕

 ○

STEP 1 コップや器を使ってトスを上げる

人数	1人	回数	10回
道具	ボール、コップ	時間	3分

コップを優しく握り、左肩から手を真っすぐに上げてボールをとばす。

Point ギュッと握らない

1. コップ（もしくはボールを入れられ、手のひらで握れるくらいの器）にボールを入れる。
2. 練習者は、優しくコップを持ち上げ、ボールを上にとばす。自分の身長の2倍くらいの高さまで、ボールを上げる。

STEP 2 トロフィーポーズからトスを上げる

人数	1人	回数	10回
道具	ボール	時間	3分

軸足（右足）にためをつくり、スイングする（写真中央）。

Point 軸足で力をためる

1. 優勝トロフィーの上についている、サービスを打つ人形（トロフィーポーズ）のように、軸足（右足）に体重をかける。
2. 1の状態から、きき手を上に振り上げてボールを投げ、耳の横を通して振り下ろす。軸足に体重をかけてからスイングするという、体の使い方を身につける。

STEP 3 距離をかえて打つ

人数	1人	回数	30回
道具	ボール	時間	10分

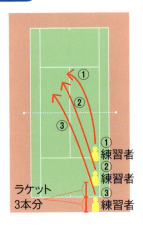

距離をかえて打つことで、スイングの大きさや強さをかえる必要が出てくるため、サービスのコントロール力が身につく。

Point サービスを入れるコツを知る

1. サービスラインからサービスを打つ（①）。
2. ベースラインのラケット3本分前から、サービスを打つ（②）。
3. ベースラインのラケット3本分うしろから、サービスを打つ（③）。

第1章 基本技術と練習メニュー

21 サービス

パワー&スピードのあるサービスが打てる
オーバーヘッドサービス

頭の上でスイングして打つサービスを、オーバーヘッドサービスという。高い打点から打ち込めるため、威力やスピードのあるサービスが打てる。

1 トスを上げて軸足でためた力を、インパクト（→P.24）へ向けて伝えていく。

2 高い打点から体全体を使ってラケットを振っていく。

トスの上げ方はP.54へ

　オーバーヘッドサービスには、ラケット面に対してボールを真っすぐに当てるフラットサービス、ボールの右ななめ上をこするように当てるスライスサービスなどがある。
　フラットサービスは、ラケット面とボールの中心を90度の角度で当て、真っすぐにボールを押し出すので、威力とスピードのあるサービスが打てる。試合でリードしている場面など、確実性を気にせずに打てる場面で有効だ。
　スライスサービスは、ラケット面でボールに回転を与えて打つサービス。コントロールしやすく、高い確率でサービスを入れられる。

STEP 1 フラットサービス

人数	1人	回数	30回
道具	ボール	時間	10分

ボールを押し出す時間が長いため、力強く、スピードのあるサービスが打てる。

Point ボールを長く押し出す

1. ウエスタングリップで握る。
2. トスを上げ、打つときはラケット面をボールに対して真っすぐに当てる。そのままボールを長く押し出す。

STEP 2 スライスサービス

人数	1人	回数	30回
道具	ボール	時間	10分

スライス回転をかけると落ちるボールになるため、サービスが入りやすい。

Point ボールの右ななめ上に当てる

1. セミイースタングリップ、またはイースタングリップのいずれか、自分が打ちやすいほうで握る。
2. トスを上げて、ボールの右ななめ上をこするようにラケットを当てる。スライス回転（右ななめ下への回転）をかけて、サービスを打つ。

STEP 3 マーカーを置いて打ち分ける

人数	1人	回数	30回
道具	ボール、マーカー	時間	10分

サービスは、唯一1人で練習できるショットだ。積極的に取り組もう。

Point 打点をかえる

1. ネットの反対側のサービスライン上（クロス、センター、クロスとセンターの中間）に、マーカーを置く。
2. 練習者は、マーカーを順にねらってフラットサービスを打つ。コートの外側をねらうほど、打点を前にするとよい。

第1章 基本技術と練習メニュー

22 サービス

相手に打ち込ませない
カットサービス

落下後のバウンドに変化を与えるのがカットサービスだ。バウンド後、曲がったり、はねなかったりすることがあるため、レシーバーが打ち返しにくい。

1 ボールに回転を加えやすくするため、ラケットをうしろに引いて構える。

2 ボールを落とすように出す。

3 ボールの下側をラケット面でこする。

4 ラケット面でボールを運ぶイメージで振り抜く。

　カットサービスは、ボールをとらえるときにラケット面をななめにし、ボールの下側をこすって回転を与えるサービスだ。回転量により、相手コートに落下後、ボールのはねる高さやはね方が変化する。特に、インドアコートなど、コートの材質がかたい場合は変化が出やすい。

　低いところで打つアンダーカットサービスは、ラケットをうしろに引いて構える。トスは上げずに、ボールは落とす。そして、ボールを転がすイメージで、ボールの下側をラケット面でこするように打つ。打ったあとは、ラケット面でボールを運ぶイメージで振り抜く。

STEP 1　ラケットの上でカット

人数	1人	回数	30回
道具	ボール	時間	5分

ラケット面でボールの下側をこすり、回転を加える。

Point　右から左へボールをこする

1. 右手でラケットを持ち、ラケット面を上に向ける。左手に持ったボールをラケットに落とす。
2. 右から左へラケットを移動させ、ボールの下側をこするように上に打つ。
3. ボールが落下してくるまでに、ラケットを右に戻す。2・3を繰り返す。

第1章　基本技術と練習メニュー

STEP 2　ミスなく打つ

人数	1人	回数	30回
道具	ボール	時間	10分

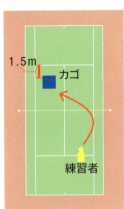

ボールをこするほど回転量は増える。

Point　グリップを短めに持つ

1. 練習者はサービスラインに立つ。
2. ネットの反対側のサービスラインから1.5mくらい前にカゴを置く。
3. 練習者は、カゴをねらってカットサービスを打つ。グリップを短めに持ち、コンパクトなスイングをすると、コントロールしやすい。

STEP 3　距離をかえて打つ

人数	1人	回数	30回
道具	ボール	時間	10分

ボールをネットにかけない回転のかけ方（ボールのこすり具合）を調整する。

Point　スイングの大きさで調整

1. ベースラインからラケット4本分うしろに立ち、カットサービスを打つ（①）。大きなスイングで遠くまでとばす。
2. ベースラインからラケット4本分前に立ち、カットサービスを打つ（②）。コンパクトなスイングで距離を調整して打つ。

23 レシーブ

ミスなく攻めて次の攻撃につなげる
レシーブ

レシーブでミスをすると、その後、コースを攻めて相手の陣形を崩す攻撃につながっていかない。ミスのないレシーブを打ち、次の攻めにつなげよう。

1 バウンドしたボールを高い位置でとらえる。

2 軸足をうしろに蹴って、体を回転しやすくする。

3 ボールを押し出しながら、体の回転をいかしてスイング。

　サービスとレシーブは、ラリーの始めのショットである。ミスなく入れていかなければ、試合にならない。相手がファーストサービスをミスし、セカンドサービスを打つ場合は、確実にサービスを入れなければならないため、あまり攻撃的な打ち方はしてこない。レシーバー側にとってはチャンスとなるので、積極的に攻撃していきたい。

　セカンドサービスは、ファーストサービスよりボールが深くなく、ネットの近くにとんでくることが多い。レシーブは、わきをしめたコンパクトな振りで、コースをねらって打つこと。

STEP 1 レシーブの打ち分け

人数	2人	回数	30回
道具	ボール、マーカー	時間	10分

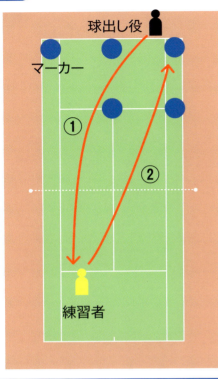

Point スイングの打点をかえる

1. 左の図のように、5つのマーカーを置く。
2. 球出し役は、ネットの反対側のベースライン付近からサービスを打ち（①）、レシーバーはマーカーをねらって打ち返す（②）。
3. マーカーが置かれている位置により、打ち方をかえる。近い距離のマーカーは、コンパクトなスイングで打つ。遠い距離のマーカーは、大きなスイングで打つ。左右の打ち分けについては、右側のマーカーをねらうときは打点をややうしろにし、左側のマーカーをねらうときは、打点を前にする。

第1章 基本技術と練習メニュー

STEP 2 前衛レシーブ（軸足を前にして）

人数	2人	回数	30回
道具	ボール	時間	10回

軸足（右足）に体重を乗せる。

軸足1本でボールを打つ。

軸足で地面を蹴り、ジャンプしながらラケットを振り切る。

反対の足で着地し、前につめる。

Point 軸足1本で打ち、重心を前に移す

1. 腰を中心に体をうしろにひねり、軸足を前に出して体重をかける。
2. 前に出した軸足1本でレシーブを打つ。
3. ラケットを振り切りながら、その勢いをいかして前につめる。

ココが重要！

実戦では、相手がレシーブを返球しようとテークバックしたときに、レシーバーは前進するのをやめ、相手の次の打球に備えてその場で待球姿勢をとる。

コラム

アウトボールを全力で返球しよう！

「最後までボールを追う」という行動が、試合での勝利につながる。普段からアウトボールを全力で返球することで、あきらめない気持ちを育てよう。

アウトボールを打つ！

アウトボールを全力で打つことにより、「最後までボールを追うという強い気持ち」や「体勢が崩れても打ちきれる技術」、「走りきる体力」などが身につく。心・技・体、どれもソフトテニスの上達に欠かせないものだ。

どのような対戦相手が嫌か？

「どのような対戦相手が嫌か」と聞かれたとき、「最後まであきらめない選手」と答える人は多い。それはつまり、厳しいボールを最後まで追えているかどうかという点が、初めて見る選手のプレーをチェックするときのポイントになるということだ。

ところが意外なことに、全国大会の上位進出者を見ても、試合の最後まで走り切れる選手ばかりではない。いいかえると、最後まであきらめずに走り続ける力があれば、全国レベルの選手とも互角に戦える可能性がある。この力は、普段からの「たゆまぬ努力」と「意識の積み重ね」によって、誰でも着実に勝ち取れるものだ。

ライバルとの差をつくる

アウトボールだからと早々に見切りをつけ、ボールのところまで走らないのはもったいない。たとえアウトボールだとしても、追いつくまでしっかりと走れば絶好の練習になる。日頃からボールを追う習慣をつけておくと、心・技・体のそれぞれが鍛えられ、やがては試合の中で厳しいボールにも追いつけるようになる。そして、それがライバルとの差になっていく。さっそく日々の練習の中で実践してみよう。走り、走らせ、根気よく。走らぬテニスに勝利なしだ！

第2章
ゲームを想定した実戦・練習メニュー

01 ボールをたくさん打つ

すばやい動きが身につく
ボールをたくさん打つ①

ソフトテニスの技術は、少しでも多くのボールを打つことで身につく。コート数や練習時間に制限がある場合でも、工夫次第で効率よく練習ができる。

　限られた練習スペースの中で、多くの選手がたくさんボールを打つためには「テンポよくボールを出すこと」が大事だ。ボールを出すスピードが速ければ、選手達の打つ機会が増え、練習もスムーズに進む。
　球出し役と練習者が呼吸を合わせ、テンポよく練習しよう。

　ここでは、数人が決まったコースを通って移動しながら、次々にボールを打つ練習を紹介する。短い距離でテンポよく進めることができ、せまいスペースでも練習できる。出されるボールに遅れないように、また、次に打つ選手のじゃまにならないように動かなければならないので、すばやく動く力が身につく。

STEP 1　グルグル打ち

人数	5人〜	回数	10回（1人）
道具	ボール	時間	10分

1人が2〜3秒に1回打つくらいのテンポで。

Point 打ったらすぐに列のうしろへ

1. 球出し役が、練習者のうしろから手投げでボールを出す。
2. 練習者は、うしろからくるボールを事前に決めておいた打ち方（フォアなど）で打つ。打ったらすぐに列のうしろに回る。
3. 球出し役は、次のボールをすばやく出し、次の練習者がそれを打つ。

STEP 2　8の字打ち

人数	4人〜	回数	10回（1人）
道具	ボール	時間	5分

必ず待球姿勢をとり、フォアで打つ。

Point 左右の移動をすばやく

1. 球出し役が、左右交互に手投げでボールを出す。練習者3名が8の字を描くように、左右のボールを交互に打っていく。
2. 右側で打った練習者Ⓐは、すばやくうしろに回り、次の左側のボールに備える。
3. 次に左側で練習者Ⓑが打ち、続いて練習者Ⓒが右側、Ⓐが左側で打つ。

STEP 3　左右打ち

人数	2人	回数	20回
道具	ボール	時間	5分

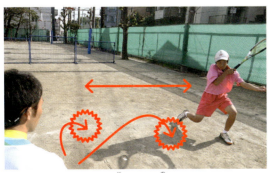

体が流れないように、背すじを伸ばすことを意識する。体の軸は、常に真っすぐに保つ。

Point 背すじを伸ばす

1. 球出し者が、左右交互に手投げでボールを出す。
2. 1人の練習者が、連続でフォアで打つ。1球ごとに、すばやく動いてテンポよくボールを打つ。
3. 10〜20回ほど打ったら、次の練習者に交代する。

第2章　ゲームを想定した実戦・練習メニュー

02 ボールをたくさん打つ

前後の動きもすばやく
ボールをたくさん打つ②

技術は、数多くボールを打つことで身につく。ショートボールを返すのが苦手という選手が多いため、前後のボールに対応する練習で克服しよう。

　ネット際の短い距離で打たれるショートボールを返せないという選手が多い。それらに対応するための練習メニューを集めた。

　試合では、敵が打ち損じたボールがネットのそばに落ち、こちらにとっては打ち返しにくくなることが案外多い。そういったボールを含めて、ショートボールを取れるようになると、前後の守備範囲を広げることができる。

　練習を積み重ねていくうちに、苦手なプレーに対しても、体が反応するようになってくるはずだ。繰り返し練習し、数多くのボールを打つことで苦手を克服しよう。

STEP 1 ショートボール（フォア）

人数	10人	回数	20回
道具	ボール	時間	10分

前につめて走るとき、体が前のめりになってしまうとうまく打ち返せない。

Point 上半身を真っすぐに立てる

1. 練習者はベースラインに並んで立つ。
2. 球出し役は、サービスライン付近から、手投げでボールを弱めに短く出す。
3. 練習者は、ななめ前に走ってフォアで打つ。上半身を真っすぐに立てて打ち、すばやく列のうしろへ戻る。

STEP 2 ショートボール（バック）

人数	10人	回数	20回
道具	ボール	時間	10分

バックを打ったあとは体が倒れやすい。練習をスムーズに繰り返すために、打ち終わったら体勢を整える。

Point 打ったあとに体勢を崩さない

1. 練習者はベースラインに並んで立つ
2. 球出し役は、サービスライン付近から、手投げでボールを弱めに短く出す。
3. 練習者は、ななめ前に走ってバックで打つ。打ち終わったら、うしろ足を前足の横に出し、体を支えて体勢を整える。すばやく列のうしろへ戻る。

STEP 3 フォアバック同時連続打ち

人数	3人	回数	各10回
道具	ボール	時間	3分

フォア側とバック側で交代する。大人数のときは、フォア側とバック側のうしろに並んで列をつくる。

Point 速いスイングで打つ

1. ベースライン上に球出し役が立つ。
2. 球出し役は、左右に立つ練習者に対し、同時に連続してボールを出す。
3. 練習者Ⓐはバックで、練習者Ⓑはフォアで打つ。速いスイングで打ち、すぐに次のボールに備える。10回連続で打ったら交代する。

03 ボールをたくさん打つ

実践的な判断力、対応力が高まる
ひたすらラリー

どんなボールでも打ち返す強い気持ちが大切だ。厳しいボールでも、とにかくあきらめずに粘って、相手コートに返すことを心がけよう。

打たれたボールを返し、ラリーで打ち勝つために必要なのは、「どんなボールでも返す」というあきらめない気持ち。そして、とんでくるボールが速いのか遅いのか、遠いのか近いのか、深いのか浅いのかを瞬時に判断し、対応する力だ。日頃から長いラリーでも打ち勝てるように、心を鍛え、技術を磨き、そして体力をつけておこう。

そのためには、「ミスをしてはいけない」という条件の中で、ラリーの練習をすると効果的だ。どんなボールもあきらめずに相手コートへ返す強い気持ちを育てよう。

STEP 1 上級生VS下級生

人数	2人	回数	20回
道具	ボール	時間	10分

上級生は予期しないボールに対応する力がつく。

Point 下級生に合わせて打つ

1. 上級生と下級生でネットをはさんで向き合う。それぞれベースライン付近に立ち、上級生VS下級生でラリーをする。
2. 上級生は下級生が打ちやすいところに返す。下級生は長くラリーを続ける感覚を養う。

STEP 2 ノーミスラリー（コース別）

人数	2人	回数	20回
道具	ボール	時間	10分

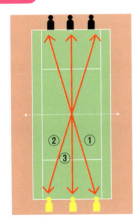

1球1球しっかり打ち込み、返す。

Point 落下地点まですばやく移動

1. クロス（①）、逆クロス（②）、ストレート（センター、③）の3コースに分かれてラリーをする。
2. どの組も、どちらかがミスをするまでラリーを続ける。決まったコースに返すためには、すばやく落下点まで移動し、軸足を定めることが重要。

STEP 3 ノーミスラリー（深く）

人数	2人	回数	20回
道具	ボール、マーカー	時間	10分

打ち込む深さをコントロールできるようにしよう。

Point 深さを意識する

1. コートの両サイドに、ベースラインからラケット2本分前にマーカーを並べる。
2. 練習者2人は、それぞれ相手コートのマーカーとベースラインの間にボールを打ち、ラリーをする。深くとばすために、大きなスイングで打とう。
3. ミスをしたら次の練習者に交代する。

第2章 ゲームを想定した実戦・練習メニュー

04 体の使い方

ボールへの反応力を高める
フットワークの強化

ダッシュ力がフットワークをよくするわけではない。股関節やひざ、足首など、体の各部分をスムーズに動かせるようにトレーニングすることが大切だ。

フットワークが悪いのは、足が遅いからだと思っている人も多い。しかし、実は足が遅くても、足をスムーズに動かすことができればフットワークはよくなるのだ。足をスムーズに動かすためには股関節やひざ、足首など、体の各部分の動きを高める必要がある。そのために効果的な練習に取り組んでみよう。

いつものラリーの中に、スクワットや1球ごとに交代するなど、動きを追加する。そうすることで、ボールを打つまでの時間が短くなるため、強制的にすばやいフットワークが必要な環境をつくることができる。

STEP 1　スクワットストローク（ラリー）

人数	2人	回数	30回
道具	ボール	時間	5分

股関節まわりや太ももの表と裏など、下半身全体の筋肉を刺激し、鍛えることができる。

Point 短い時間の中ですばやく移動

1. 練習者2人は、ネットをはさんでそれぞれコートに入り、サービスライン付近でショートボールのラリーをする（①）。
2. 打ち終わるたびに、ひざを深く曲げて立ち上がるスクワットの動作を1回行う。すぐにボールが返ってくるため、すばやく移動し返球する。打ち方は自由。
3. ショートラリーが終わったら、立つ位置をベースライン付近まで下げ、同じくスクワットをしながらラリーをする（②）。

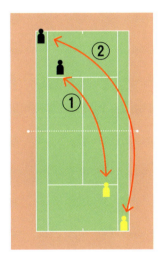

 ココが重要！

スクワットの動作をおろそかにしないことが大切。両足を閉じていると、股関節を使えないので注意しよう（左写真）。ひざをしっかり曲げないのもトレーニングにならない（右写真）。

STEP 2　卓球ストローク

人数	4人	回数	30回
道具	ボール	時間	5分

ポジションがすぐにかわるため、すばやく体を動かさなければならない。

Point 相手の動きを予測する

1. ネットをはさんで、2ペアでサービスライン付近からショートラリーを行う。
2. ペア2人は、卓球のように交互に打つ。
3. ボールを打ったらすぐにポジションを入れかわる。次に打つ味方の動きを予想して移動する。前衛と後衛の息を合わせる練習にもなる。

05 勝つ楽しさを知る

作戦を立てる習慣が身につく
勝つ楽しさを知ろう

勝つ楽しさや喜びを味わえば、さらに上達したいという気持ちが高まる。遊びの要素を取り入れながら、勝つ喜びを感じられる練習をしていこう。

遊びでも、勝ち・負けがあるときには、どうすればよいか作戦を立てるはずだ。ソフトテニスも同じだ。何の作戦もなくただ打ち合っているだけでは、相手に勝てない。作戦を立てるとはどういうことか、練習を通じて考える習慣を身につけよう。

また、勝つための作戦を考えると同時に、仲間と力を合わせるチームワークを育むことも、とても大切だ。遊びの要素を取り入れ、実際の試合ではありえない人数でのゲームや、1対1でのゲームをすることで、チームや1人で作戦を考え、実践することを学ぼう。

STEP 1　全員テニス

人数	8〜12人	回数	5回
道具	ボール	時間	10分

ボレーやスマッシュで得点を決めるために、前衛が多い攻撃型のフォーメーションなどを考えてみよう。

Point　仲間と力を合わせる

1. 学年で区別することなく、4〜6人のチームを2つつくり、ネットをはさんでコートに立つ。試合時間は2分、または5ポイント取ったら勝ちなど、ルールを決めて戦う。
2. チームで相談し、作戦を考えながら試合を進める。

STEP 2　半面シングルス

人数	2人	回数	5回
道具	ボール	時間	10分

短いボールで前に出して、ロビングで頭上を抜くなど、相手を振り回して体力を消耗させるのも作戦の1つ。

Point　自分が考えた作戦を実践

1. コートを縦半分に区切る。
2. 半面ごとにシングルスの試合を行う。
3. せまいコートの中で、相手をどう動かすか自分で考える。試合時間は2分、または5ポイント取ったら勝ちなど、ルールを決めて戦う。

STEP 3　スマッシュ&ロビング対決

人数	3人	回数	10回
道具	ボール	時間	5分

スマッシュするほうは、相手の2人が取りづらいコースを見つけ、攻撃していく。

Point　相手のスキを見つける

1. 1対2に分かれてコートに入る。
2. 1人のほうはスマッシュ（→P.50〜53）のみ、2人のほうはロビング（→P.34）のみでラリーをする。ロビングは、スマッシュを打ちやすい場所に返す。アウトになったり、決まった打ち方で返せなかったりしたら負け。

第2章　ゲームを想定した実戦・練習メニュー

06 ゲームづくり

前衛と協力してポイントを奪う
後衛サービスからの攻撃

ゲームの中で一番最初のプレーがサービスだ。そのサービスから相手を崩していき、攻撃を仕かけていくためのパターンをおぼえよう。

一般に、サービスゲームは後衛サービスから始まる。流れをつかむためにも、後衛サービスからしっかりと攻撃していきたい。ここでは、サービスコーナー（ワイド）と、センターへのサービスから、前衛とのコンビネーションでポイントを取っていくパターンを紹介する。

サービスのコースや強さによって、レシーバーからの返球をおおよそ予測することができる。試合と同じように、前衛と後衛でコートに入り、攻撃パターンをおぼえよう。

STEP 1　サービスコーナー（ワイド）へサービスからの3球めポーチ

人数	4人	回数	20回
道具	ボール	時間	10分

角度のついた速いサービスを打つと、レシーバーの返球が威力のないレシーブになりやすい。

Point　威力のないレシーブをたたく

1. 後衛は、サービスを打つ位置（クロスサイド）に立ち、サービスコーナーへ角度をつけたサービスを入れる（①）。
2. 相手後衛は、クロスに返球する（②）。
3. 前衛は、クロス方向へ移動してボレーを決める（ポーチボレー、③）。

STEP 2　センターへサービスからの3球めポーチ

人数	4人	回数	20回
道具	ボール	時間	10分

センターへサービスを打つと、レシーバーは角度をつけづらく、センターよりの甘いレシーブとなりやすい。

Point　角度の甘いレシーブをたたく

1. 後衛は、サービスを打つ位置（クロスサイド）に立ち、センターへサービスを入れる（①）。
2. 相手後衛は、センター寄りのクロスへ返球する（②）。前衛は、クロス方向へ移動してポーチボレーを行う（③）。

STEP 3　逆クロスのセンターへサービスからのロビング

人数	4人	回数	20回
道具	ボール	時間	10分

返球されたレシーブを、相手前衛の頭上を通して打ち返すと、相手後衛を走らせることができる。

Point　前衛の上を通して打つ

1. 後衛は、逆クロスにサービスを打つ（①）。
2. 相手前衛は、逆クロスへ打ち返す（②）。
3. 後衛は、前進する相手前衛の頭を越えるロビングを打ち（③）、相手後衛を走らせ（④）、敵の陣形を崩す。

07 ゲームづくり

前につめてポイントを奪う
前衛サービスからの攻撃

前衛がサービスをする場合は、前衛もストロークで攻めていくことが大切だ。サービスを入れるだけではなく、自分から攻めて得点していきたい。

サーバーの前衛は、サービス後に少しでも早くネットにつめておきたい。そのためには、ネットにつめていく途中で、相手に攻められないようなサービスを打つことが大切だ。

また、サービス後、レシーブをされて返ってきたボールは、相手陣形を崩すために厳しいコースをねらって打つとよい。例えば、角度をかえて打ち返すなどして、少しでも相手を走らせるようにするのが有効だ。サーバーの前衛自身が、常に攻撃の姿勢を見せていこう。

STEP 1　前衛サービスから3球めアタック

人数	4人	回数	20回
道具	ボール	時間	10分

返球されたレシーブ（②）をベースラインから返すとき、スピードのある直線的なボールを打つと不意を突きやすい。

Point 相手前衛へシュート（強打）

1. 前衛は、クロスサイドでサービスを打つ（①）。前へつめる準備をする。
2. 相手後衛は、クロスへレシーブを打つ（②）。レシーブが深く、前衛は、前につめきれない状況をイメージし、ストレートへシュート（強打）を打って相手前衛を攻める（③）。

STEP 2　前衛サービスからの5球め攻撃

人数	4人	回数	20回
道具	ボール	時間	10分

相手後衛を走らせて、甘く上がってきたボールを前につめてボレー、もしくはスマッシュで決める。

Point ロビング→ボレーでポイント

1. 前衛は、クロスサイドでサービスを打つ（①）。相手後衛は、クロスへレシーブを打つ（②）。前衛は、ストレートへロビングを打つ（③）。
2. 相手後衛は、ロビングの落下点へ走って、逆クロスへ返す（④）。前衛は前につめてボレーをする（⑤）。

STEP 3　前衛サービスからのセンター攻め

人数	4人	回数	20回
道具	ボール	時間	10分

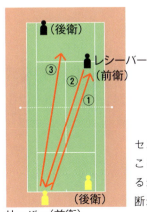

センターに打ち込まれたことで、相手は前衛が取るか、後衛が取るか、判断が遅れる。

Point センターから相手陣形を崩す

1. 前衛は、逆クロスサイドでサービスを打つ（①）。相手前衛は、逆クロスへレシーブを打つ（②）。
2. 前衛は、相手の後衛と前衛の間であるセンターへ、強く直線的なボールを打って攻める（③）。

08 ゲームづくり

距離が近い相手前衛をねらう
後衛レシーブからの攻撃

威力のあるサービスを打たれたら、ミスなく返球することに集中すればよいが、少しでも甘いサービスや、セカンドサービスならば徹底的に攻めたい。

　レシーブからの攻撃では、距離の近い相手の前衛をねらう方法もある。相手のいないところへコントロールするばかりでなく、あえてぶつけていくことで、甘い返球を打たせたり、ミスを誘ってみたりしよう。

　コントロール力がある後衛なら、相手の陣形を崩すコースを積極的にねらうこと。同じラケットの引き（テークバック）から打つことで、シュート（強打）やロビングなど、どの球種かわからないようにして、相手を迷わせよう。

STEP 1 セカンドレシーブのアタック

人数	4人	回数	20回
道具	ボール	時間	10分

セカンドサービスは、レシーブ側にとって攻撃のチャンス。力強くスピードのあるレシーブで攻撃しよう。相手前衛は、自分に向けて強いボールを打たれると、ミスをしやすい。

Point 相手前衛のそばに打ち込む

1. 相手後衛は、クロスサイドからセンター寄りにセカンドサービスを打つ（①）。
2. 後衛は、サイドラインにそって相手前衛のそばを通すストレートをねらって打つ（②）。

STEP 2 相手前衛の右肩をねらったレシーブ

人数	4人	回数	20回
道具	ボール	時間	10分

相手前衛は、サイドに寄ったところをセンターに打たれ、逆を突かれる。

Point 相手前衛の逆を突く

1. 相手後衛は、クロスサイドからサービスを打つ。
2. 相手前衛はレシーブに備え、後衛のいないストレートを守るために少しサイドライン方向に寄る。レシーバーは、そのタイミングで、相手前衛の右肩をねらって打つ。

STEP 3 前衛サービスのときのショートレシーブ

人数	4人	回数	20回
道具	ボール	時間	10分

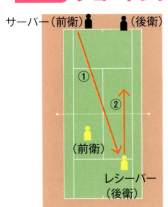

レシーブは高く構え、スピードに乗ったボールをコート深くに返すようなフォームから、短いレシーブを打つ。それで、相手を惑わすことができる。

Point 空いているスペースをねらう

1. 相手側は後衛、前衛ともにベースライン上に立ち、ネット前に誰もいない状態にする。
2. 相手前衛は、クロスサイドからサービスを打つ（①）。
3. 後衛は、ネット前に落ちるような短いレシーブを打つ（②）。

09 ゲームづくり

連続攻撃でポイントを奪う
前衛レシーブからの攻撃

後衛がラリーの中で攻撃パターンをつくっていくだけではなく、前衛も自分から積極的に、さまざまな攻撃パターンで仕かけるようにしよう。

　前衛は、後衛のように自分から攻撃パターンをつくっていく機会が少ない。しかし、レシーブのときなら、自分からレシーブでコースを攻めて、相手が甘く返してきたボールをネットプレーで決めにいくことができる。このような連続プレーを成功させるためには、レシーブを厳しいコースに打っていくことが鍵を握る。試合でできるよう、練習のときから実戦をイメージしてプレーしよう。写真は、セカンドレシーブを逆クロスの鋭角（角度のついたコース）へ打ち、相手後衛を前に出して、自分で決めにいこうとしている場面だ。

STEP 1　アタックレシーブ

人数	4人	回数	20回
道具	ボール	時間	10分

サービス側の前衛にボレーされる可能性もある。レシーバーは、ボレーされることも想定して構える。ボレーが甘ければ、再度攻撃していこう。

Point　相手前衛を攻めていく

1. 相手後衛は、逆クロスからサービスを打つ（①）。
2. 前衛は、距離の近い相手前衛のそばを通すレシーブを、サイドラインにそって攻撃的に打つ（②）。

STEP 2　ロビングから相手陣形を崩す

人数	4人	回数	20回
道具	ボール	時間	10分

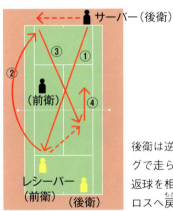

後衛は逆サイドにロビングで走らされると、次の返球を相手後衛のいるクロスへ戻す傾向がある。

Point　ロビングで後衛を走らせる

1. 相手後衛は、逆クロスからサービスを打つ（①）。前衛は、ストレートのロビングでレシーブする（②）。
2. 相手後衛は、ロビングの落下点へ走り、クロスへ返球する（③）。
3. 前衛は、前につめてボレーする（④）。

STEP 3　サーバーの左足をねらうレシーブ

人数	4人	回数	20回
道具	ボール	時間	10分

深いボールを打つと、相手はボールの勢いに押されて返球しづらくなる。そうすると、甘いボールが返ってきやすい。

Point　相手に甘い返球をさせる

1. 相手後衛は、逆クロスからサービスを打つ（①）。前衛は、相手後衛にバックを打たせるように、左足をねらってレシーブを返す（②）。
2. 相手後衛は、ストレートへ返球（③）。前衛は前につめて、それをボレーする（④）。

10 ゲームづくり

相手を前後にゆさぶる
ショートボール

前後のゆさぶりは、敵の陣形を崩すのに有効だ。ラリーの中で、ネット際に短く打つショートボールが使えると、高い効果が期待できる。

1 強く打つと見せかけて、高く構える。

2 高い打点でボールに回転をかける。

3 ボールを切るようにシュッと振り抜く。

左右のゆさぶりに比べ、前後のゆさぶりに弱い選手は多い。前後にゆさぶられたほうが運動量も大きくなる。そのため、ショートボールをうまく使うことが有効だ。ただし、初めからショートボールを打つのが相手にわかってしまうと、うまく返球されてしまうので、ラリーの組み立てが重要になってくる。

相手をベースライン付近でプレーさせ、不意にショートボールをネット前に落とす。そうすれば、相手陣形が崩れる。また、ショートボールの返球も甘くなり、チャンスボールが上がってくることが多くなる。

STEP 1 ネット前に短く打つ

人数	2人	回数	20回
道具	ボール	時間	5分

ボールの回転量やとぶ距離をチェックしながら打つ。

Point 高い打点で切るように打つ

1. 練習者はサービスライン付近に立ち、待球姿勢をとる。
2. 球出し役は、ネットの反対側からラケットで山なりのボールを出す。
3. 練習者は、高い打点でボールの下側を切るように打ち、スライス回転をかけたカットストロークでネット前に短く打つ。

STEP 2 3対3のショートボールラリー

人数	6人	回数	20回
道具	ボール	時間	5分

相手からのショートボールを、回転をかけて短く返す。

Point すばやく前につめる

1. コートの両サイドに3人ずつ入る。
2. 1人ずつ前に出て、スライス回転をかけてネット際に打つショートボールでラリーをする。
3. 1人が打ち終わったら、次の選手が前に出て打つ。ショートボールを打つため、遅れないように動いて前につめる。

STEP 3 サービスボックスでシングルス

人数	2人	回数	15回
道具	ボール	時間	5分

ショートボールを打たれたときの練習にもなる。

Point ラリーの中で使い方を考える

1. コートの両サイドに1人ずつ入る。
2. サービスボックス内で、シングルスのゲームをする。
3. ネット前に落ちるショートボールを交ぜながら、ラリーを続ける。

11 ゲームづくり

相手の陣形を崩しやすい
ショートボールで攻撃

攻撃を仕掛ける場合、ショートボールで相手の陣形を崩すのが有効だ。初級者でも得点を取りやすいパターンのため、ぜひ挑戦してほしい。

深いボールでラリーをしている中、突然ショートボールを打たれたら、対応できない場合がある。しかし、相手に「次はショートボールを打ってくるな」と読まれてしまっては意味がない。相手が思いもよらないところでショートボールを使えるよう、ほかのショットと同じテークバックから、ショートボールを打てるように練習していく。

上の写真は、スライス回転をかけてショートボールを打っている場面。ラケットを高く構え、直線的で速くとぶシュート（強打）を打ってくるように見せかける演技が大切だ。敵をうまくあざむくことができれば、自分たちにとって有利な展開に持ち込むことができる。

STEP 1　ショートクロス＆ショートセンターの打ち分け

人数	2人	回数	20回
道具	ボール	時間	5分

②は打点をやや前、③は打点をややうしろにする。

Point　方向によって打点をかえる

1. 球出し役は、ネットの向こうからボールを出す（①）。
2. 練習者は厳しい角度のクロス（ショートクロス、②）、またはセンターの短いところへショートボールを打つ（③）。
3. 1球打ったら、次の練習者と交代する。

STEP 2　ショートボールで仕かけて3球めに攻撃

人数	4人	回数	10回
道具	ボール	時間	5分

サーバーの前のスペースが空いているため、そこを攻める。サーバーは走らされて返球するため、甘いボールになりやすい。

Point　相手を前に出し陣形を崩す

1. 相手後衛が逆クロスからサービスを打つ（①）。
2. 前衛はラケットを高く引き、シュートを打つと見せかけて、逆クロスへショートボールを打つ（②）。
3. 相手後衛は前につめて、なんとか返す（③）。前衛は甘い返球をたたく（④）。

STEP 3　ドロップショット

人数	4人	回数	10回
道具	ボール	時間	5分

ドロップショットは、ボールを強くこすることで回転が強くなり、落ちやすくなる。しかし、その分ミスの可能性も高くなるため、日頃から練習し、回転具合をコントロールできるようにしよう。

Point　ボールの下側をこする

1. 深いボールでラリーをする（①）。
2. 相手が甘いボールを打ってきたら、ネット前に落とすドロップショットを打つ（②）。ドロップショットは、ラケット面をななめにしてボールの下側をこすり、スライス回転をかけるとよい。

12 ゲームづくり

相手のバックをねらう
流し方向からの攻撃

流しのコース、つまり体とは反対側のコースに打つパターンは、相手のバック側に打つことになるため、効果的な攻撃といえる。

1 バック側に振られる。

2 フォアに回り込む。

3 引っ張り、流し、どのコースにも打てる体勢をとる。

4 流しの方向へ返球し、相手のバックをねらう。

　ソフトテニスを始めて間もないうちは、「引っ張りのコース」が打ちやすく、引っ張り方向のラリーが多くなりがちだ。そのため、反対側に打つ「流しのコース」を使えると、攻撃の幅が広がる。

　フォアで流しのコースに打つと、相手にとってみればバックとなり、厳しい返球をしづらい。ときには、相手がうまく返球できずにチャンスボールが上がってくることもある。積極的に流しのコースを使う攻撃パターンを身につけていきたい。

　さらに、自分がバック側に打たれた場合、回り込んでフォアの流しのコースに打ち返す練習もしよう。

STEP 1　動かされながら流しのコースへ

人数	4人	回数	20回
道具	ボール	時間	10分

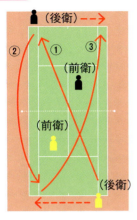

逆サイドに走らされた時点で守備に回ったはずだが、フォアで流し方向に打ち返すことで、攻撃に転じられる。

Point 回り込んで反撃する

1. 相手後衛のクロスボールを、後衛がクロスへ返球する（①）。
2. 相手後衛がストレートへロビングを打ち（②）、後衛は左側へ動かされる。
3. 後衛はボールに対してフォア側へ回り込み、流し方向である逆クロスへ打ち返して、相手後衛を動かす（③）。

STEP 2　前衛の頭越しのロビング

人数	4人	回数	20回
道具	ボール	時間	10分

相手前衛の頭を越えるロビングで、相手後衛を走らせる。

Point 流しのロビングで走らせる

1. クロスラリーの打ち合いから（①）、後衛がストレート（流しのコース）へロビングを打つ（②）。
2. 相手後衛をクロスから逆クロスへ動かし、相手の陣形を崩す。

STEP 3　バックの流し打ち

人数	4人	回数	20回
道具	ボール	時間	10分

逆クロスに走らされた場合、後衛は逆クロスに打ってくることが多いので、ストレートへ返球し裏をかく。

Point 逆クロスからストレートへ

1. 右ストレートでのラリーから相手後衛が逆クロスへロビングを打ち、後衛Ⓐは、逆クロスへ走る（①）。
2. 移動後、後衛Ⓐは流し方向のストレートへバックで返球する（②）。

第2章　ゲームを想定した実戦・練習メニュー

13 ゲームづくり

走らされても反撃できるようになる
カバーリング力アップ

厳しいボールが打たれても、しっかり返すことができるカバーリング力があれば、守りから攻撃に転じることができる。カバーリング力を高めよう。

攻撃力だけでは試合に勝つことができない。相手の攻撃を防ぐ力も必要だ。特に、攻撃力の高い上位の選手との試合では重要になってくる。厳しいボールを打たれて走らされても、追いつき、深く返球できれば、相手の次の攻撃を防ぐことができる。逆に、よい返球ができれば、相手が苦しくなり、反撃に転じられる。

走らされるボールでも、しっかりフットワークをつかって動き、ラケットを振りきって返球する。日頃から相手の攻撃を防ぐために、カバーリング力を上げる練習をし、守備力を高めていこう。

STEP 1 振り回し

人数	2人	回数	10回
道具	ボール	時間	5分

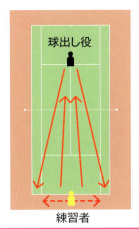

左右に走らされるのはきついが、1球1球しっかりと体を止めて、体の軸をまっすぐに保って打つ。

Point 体を止めて打つ

1. 球出し役は、ネットの向こう側のサービスライン付近から、ラケットで左右交互にボールを出す。
2. 練習者は、すばやく移動し、止まって打ち返す。はげしく動く練習なので、打ち方や返球コースは問わない。

STEP 2 切り返し

人数	2人	回数	10回
道具	ボール	時間	5分

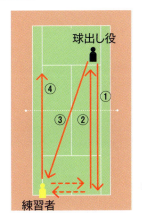

打ち方は自由。10球返したら、次の練習者に交代する。

Point ボールを引きつける

1. 練習者は、左側のベースライン付近に立つ。球出し役はストレートへボールを出す（①）。練習者は走っていき、ボールを引きつけてストレートへ返球（②）。
2. 次に、球出し役が逆クロスへ出したボール（③）に向かって練習者は走っていき、引きつけてストレートへ返球（④）。

STEP 3 前衛が抜かれたボールを切り返し

人数	4人	回数	20回
道具	ボール	時間	10分

相手が自分の前衛を攻めてきたとき、そのボールを前衛が止められなかった場合に備えて走り、逆に相手前衛を攻めて反撃する。

Point 走って前衛をカバー

1. クロスでラリーを行う（①）。
2. 相手後衛がストレートへ打つ（②）。前衛はストレートのボールにはふれず、後衛は左側に向かって走る。
3. 後衛は逆クロスへロビングで切り返す（③）。もしくは、直線的にとぶシュート（強打）で逆クロスの鋭角をねらう。

第2章 ゲームを想定した実戦・練習メニュー

コラム

フォームづくりが先？
試合経験が先？

ソフトテニスの練習にどれだけ熱心に取り組めるかは、どれだけソフトテニスに夢中になれるかにかかっている。そのためには、ソフトテニスを好きになれるように、練習内容を工夫しなければならない。

ソフトテニスを好きになる

小中学生には、友だちと遊びにいく、ゲームをするなど、楽しいことが学校の外にもたくさんある。また、学生として勉強に励むことも大切だ。やりたいことも、やらなければならないことも山ほどあるのだから、本当にソフトテニスが好きでないと、部活動は続かない。まずはソフトテニスを心から楽しめるようになろう。

とにかく試合を経験する

ソフトテニスの基礎練習といえばフォームづくり。つまり一本打ちや素振りだが、これらは初心者にとってあまり楽しいものではない。せっかく部活動を続けようと思ったとしても、初めから単調でつまらない練習が続くと、やる気をなくしてしまうおそれがある。そんな事態にならないように、ソフトテニスが好きで楽しいという気持ちを、いつも強く持とう。そのためには、「とにかく試合を経験すること」だ。

例えば清明学園では、ラケットを握ったその日に試合を行う。相手との真剣勝負を経験した生徒たちは、勝つ喜びや負けるくやしさを知る。そして「また勝ちたい」「もっとうまく、強くなりたい」と思うようになる。この思いこそ、ソフトテニスに打ち込む原動力だ。

目標を持つ

もちろん、部員数が多くてコート数が足りず、試合ばかりできない学校も多いだろう。それでも1日15分、1ポイントマッチでもいいので、全員に試合を経験してほしい。大事なのは、試合を通して「勝ちたい」という気持ちを毎日再確認し、「そのためには、もっと上手になりたい」という確かな目標を持つことだ。その目標さえあれば、地道な基礎練習にもまじめに取り組める。フォームづくりもより前向きな気持ちで、より効果的に進められるはずだ。楽しい試合をどんどんしていこう！

第3章
試合に勝つための作戦

01 試合前のメニュー

試合直前にコンディションを整える
試合中心の練習

試合直前のメニューは、普段の練習とは異なる実践的な内容にすべきだ。勝利を目指して、選手・指導者が同じ意識を持って取り組もう。

① 試合形式で練習する

　試合前はできる限り試合形式の練習を組む。勝ち負けは関係なく、大事なのは試合の中で自分ができるプレー、できないプレーを再確認することだ。

　試合直前に急にうまくなることはない。自分のできることを知って、得意なプレーができるよう心がけよう。

　試合の相手が格上の場合、普段の練習ではできるプレーをさせてもらえないことが多い。そんなときは、自分達ができることではなく、相手の嫌がることをする（例えば苦手なコースを見極めて攻める）などして、指導者を含めたチームとして、打開策を見出したい。

　また、試合直前でも修正できるところがあれば、練習後にペア練習や自主練習などをして改善に取り組むようにしよう。

② サービス、レシーブを安定させる

テニスの試合は、サービス＆レシーブから始まる。試合に勝つには初めの1本がとても大切だ。まずは、サービスやレシーブを決めて、試合のリズムをつくりたい。

また、ソフトテニスの平均ラリー数は6本（3往復）といわれている。サービスを入れ、試合の主導権を握ることができれば、ポイント獲得の確率が大きく高まるのだ。

ココが重要！

サービスが重要だとわかっていても、多くの選手はそれほど練習しない。試合直前には、サービスの動きを確認するためにも、サービス練習を行おう。できれば、ペアで6割以上成功させることを目標にしよう。

③ 個人練習を取り入れる

試合直前は、選手によって取り組みたい練習が違う。意識が高い選手であればあるほど、自分がやりたい練習があるはずだ。だが学校では、コートや練習場所が限られている。選手達が自主的に交代しながら、個人練習を取り入れることが重要だ。

ココが重要！

指導者が取り組んでほしい練習と、選手が取り組みたい練習が同じであるとは限らない。そのような場合、指導者と選手で話し合うことが大事だ。勝つためにはどんな練習が必要か、1つずつ冷静に確認していこう。

コーチからの熱血アドバイス

大会前に練習を追い込みすぎていないか？

目標となる大会を基準に、すべての練習メニューを、逆算で計画していく。

具体的には、大会1週間以上前は前後左右に振り回しなどの負荷をかけた練習を行う。1週間をきってからはゲーム形式を中心とした実践的なメニューに取り組み、体力づくりというよりも、技術・戦術を見直す練習をする。そして、大会前日は体を休めること。

もちろんチームの練習頻度や、個人の体力によっても異なるが、往々にして試合直前ほどがんばりすぎて、本番で力を出せなくなるものなので注意しよう。

02 試合前のメニュー

試合に備えて気持ちをコントロールする
メンタル面を整える

試合までにどのように準備するかで、勝負がだいたい決まる。だからこそ、しっかり準備をし、試合をする前に相手より優位に立てるようにしよう。

1 ノーミス練習を取り入れる

【ノーミス練習に向いている技、練習内容】
- 簡単なスマッシュを連続10本決める。
- 簡単なトップ打ちを連続10本決める。

ノーミス練習は簡単なプレーがよいだろう。特に、チャンスボールを打ち返す練習がおすすめだ。試合を決めるようなショットでポイントを取ることが、勝利につながる。

ノーミス練習（→P.31 STEP3）とは、時間で区切るのではなく、ミスせずに10本終わるまでやりきる練習だ。この練習を行うと、「ミスができない」という試合に近い緊張感や集中力が養われ、メンタル面を整えることができる。また、達成感を得ることもできるので、大会前に自信をつけることにもつながる。

コーチからの熱血アドバイス

チャンスボールはしっかり決めよう
プロテニスプレーヤーの錦織圭選手は、簡単なチャンスボールを強く、速く打つというテーマでノーミス練習をしているという。チャンスボールをポイントできるか、ミスするかで、試合の流れを大きく左右することを理解しているからだろう。

2 緊張しやすい場面に備える① ファイナル5－5

勝敗を分ける大事なポイントを争う場面では、緊張がおそってくる。普段の練習から、ファイナル5－5というカウントでどのような攻撃をしていくのかを決めておくことが大切だ。ペアとも話し合っておこう。

【ペアで話し合う内容】
- どこにサービスを打つのか。
- サービスのあとは前衛が決めるのか。
- サービスのあとは後衛が決めるのか。

3 緊張しやすい場面に備える② ミスが続いた場面

テニスのポイントとポイントの間は、約20秒といわれている。この20秒間で、いかに気持ちを整えられるかが、勝敗に関わることもある。日頃の練習ゲームから、ポイントの間に行うルーティン（習慣）をつくっておこう。

【ポイント間に行うルーティンの例】
- 屈伸する。
- 遠い景色を見る。
- ガットをいじる。

4 目標設定をし、チームの意識を高める

目標設定は、チーム全員が同じ目標に向かっていると信じることから始まる。そのためには、何度もチームミーティングを行い、思いを共有しておくことが必要だ。

【チームミーティングの例】
- 目標を達成するためには、どのような努力が必要なのか？
- 今の自分達の強さはどのくらいか？
- チームの改善点は？

03 試合中の注目点

試合中にプレーを立て直す
試合当日のポイント

試合中にプレーを立て直したいときは、「サービスとレシーブの確率」「ミスの多い場面」「相手の弱点」「相手の武器」などをチェックしていこう。

1 サービスやレシーブからの3球め・5球めで攻撃できているか

ココが重要！

サービスは、サービスコーナー、センター、レシーバー正面へコースを打ち分ける。レシーブでは、1歩でも相手を動かすことを心がけたい。厳しいボールを打てば打つほど、コートの真ん中に返球される。また、空いたスペースや、相手のバランスが崩れた瞬間をねらってポイントを積み重ねていきたい。

　試合を有利に運ぶには、ラリーの最初のショットであるサービス＆レシーブから攻撃につなげたい。しかし、どれだけ強いサービス＆レシーブを打てたとしても、相手を崩せなければ次の攻撃にはつながらない。

　相手の正面やフォア側に打ってしまえば、逆に相手のチャンスボールになってしまうので、「相手を少し動かす」「ボールを少し深く入れる」「少し角度をつける」「少し高さの変化をつける」などの工夫をしよう。

　また、最近では「回転の変化をつける」といった工夫から、相手の返球を甘くさせ、次の攻撃につなげることもある。積極的にカットストローク（→P.36）の練習もしよう。

❷ アンフォーストエラーを減らす

【エラーが出やすいポイント】
①準備の遅れ（ほとんどのミスの原因）
②ボールとの距離感が合っていない
③バランスを崩している
④自分が今、攻めか守りかわかっていない
⑤戦う気持ちが弱い（弱気は最大の敵）

　アンフォーストエラーとは、相手から打ちやすいボールが返ってきたのにミスをしてしまうこと。そのような簡単なミスをなくすことが、勝利への近道になる。「自分はどんなときに簡単なミスをするのか」を知り、そのような状況にならないようにすることが大切だ。

❸ 相手の試合を見て分析

【チェックリスト】
①厳しいボールに対してもあきらめずに走っているか？
②前衛主体か？　後衛主体か？
③サービスのコースと確率は？
④レシーブのコースは？
⑤試合後半では、どのようなプレーをしてくるのか？
⑥バックハンドはどの程度打てるのか？
⑦前後左右に振られたときの対応力は？
⑧グリップの握り方は？
⑨得点を取られたとき、どのような表情、行動をするか？
⑩相手の武器は？
⑪相手の弱点は？
⑫マッチポイントで、相手はどんな攻撃、または守りをしているか？

　大会でトーナメントを勝ち抜いている途中に、対戦が予想される相手の試合を見られることがある。そのときに、ただ試合観戦するのではなく、「自分達のペアよりも相手の実力が上か下か？」「攻撃的なタイプか」「ミスをしないタイプか」など、右にあげる項目をチェックし、自分達が勝つための対策を考えておきたい。

コラム

主役は誰なのか？

毎日の練習の中で、上手くいかないことはたくさんある。技術的な問題だけでなく、部活の方針や練習内容など、選手と監督や顧問の間で考えが異なることもあるだろう。そうした場合、選手と監督や顧問で話し合いをし、お互いが納得した上で練習を進めることが重要だ。清明学園では「主役は誰なのか」ということを一番に考え、練習内容や部活動の方針を決めているという。

部員がそろわない日々

今では強豪校となっている清明学園だが、高橋先生が赴任した当初、ソフトテニス部の活動は今ほど活発ではなく、試合で勝ち残るような学校ではなかった。そのような中、高橋先生はソフトテニス部の監督に就任し、部員達と「5年以内に東京都で優勝する」という壮大な目標を立てる。しかし、勉強や習い事などに忙しく、練習に部員全員がそろうことはほとんどなかった。そうした状況をかえたい、と考えた監督は「部活の練習日に1日でも参加できない生徒は部員として認めない」というルールを決める。そして、そのことを誰よりも熱心に活動していた部員に相談したところ、彼は「練習に集まることができなくても、このメンバーで最後まで戦いたい」と断固反対した。それを聞き、「主役は誰なのか？」と監督は自問自答したという。そして「部活動の主役は生徒達であり、なによりも生徒の考えを優先すべき」と考え、彼の意見を尊重することにした。もちろん、その後の練習日にも全員がそろうことはなかった。

集中力は意識から

しかし、目標を立て、監督と相談しながら部活をする中で、選手達のソフトテニスに対する意識がかわっていく。練習日に全員がそろうことができない中でも、練習に参加している選手達は、誰もが「短い時間をいっときたりともムダにしてはいけない」と高い集中力で練習を積んだ。その結果、「5年以内に東京都で優勝」と目標を立てたメンバーは、念願の東京都初優勝を果たす。そして、新人戦、夏の東京都大会と制し、一度も負けることなく引退していった。

選手達主体の練習

「『このメンバーで最後まで戦いたい』と仲間を信じた、あの部員のひと言がなければ、壮大な目標は達成できなかっただろう」と監督は話す。いくら時間をかけて練習を積み重ねても、選手が主体的にならなければ、そして選手が主役の部活動でなければ、チームが一丸となって目標へと突き進むことはない。清明学園では、主役である選手達主体の練習を、今も行っている。

第4章
トレーニング

01 ウォームアップ

体を動かしやすい状態にする
ウォームアップ

練習の際、ボールをいきなり打つのはよくない。体を動かしやすい状態に準備するために、ウォーミングアップの時間をしっかりとろう。

股関節伸ばし

うつ伏せから両手を体の正面につき、足を開いて上半身を上げる。股関節（内股と胴体のつけ根あたり）を伸ばして15秒静止する。

- 部位 **股関節**
- 回数 **3回**

左右開脚

両足を開き、両手を体の正面についてお尻を上げる。股関節の前部分と足の内側の筋肉を伸ばして15秒静止する。

- 部位 **股関節**
- 回数 **3回**

前後開脚

左右の足を前後に開き、片方のひざを立て、反対側のひざを地面につくようにする。お尻と、太ももの表と裏の筋肉を伸ばし、15秒静止したら足を入れかえる。

- 部位 **お尻、太もも**
- 回数 **3セット**

伸脚

しゃがんで片方のひざを立て、もう一方の足を伸ばす。20秒静止したら、足を入れかえる。

- 部位 **股関節**
- 回数 **3セット**

股関節回し

ネットに対して90度の角度に立つ。ネット側の足は地面につけたまま、反対側の足を上げて股関節から回す。背筋を伸ばし、股関節を中心に大きく回すようにする。前回しが終わったら、うしろ回しも行う。両足行う。

部位	股関節
回数	15回（両足、前後）

電車鬼ごっこ

鬼を1人決める。鬼以外の人は、前の人の肩に両手を置いて、1列になる（電車のようにつながる）。鬼は、列の一番うしろの人にタッチするために追いかける。鬼以外の人は、一番うしろの人が鬼にタッチされないよう逃げる。遊びながら、体全体を徐々に運動できる状態にする。

部位	全身
回数	3分×1回

コーチからの熱血アドバイス

筋肉をほぐすことが大切

体を温めるために行うのがウォーミングアップだと思われがちだが、筋肉などがスムーズに動くように体をほぐすことが一番の目的だ。しっかりウォーミングアップができていれば、ボールを打つときには、すでに各筋肉を動かしやすい状態になっているはず。初めはゆっくり筋肉を伸ばしたり縮めたりして、徐々に動きを激しくしていくとよいだろう。特に気温が低い冬場は、体を動かす前の筋肉は、かたく縮こまった状態になっている。筋肉をよく伸び縮みさせてほぐすようにしよう。

第4章 トレーニング

02 ウォームアップ

肩や肩甲骨周辺の筋肉をほぐす
上半身のウォームアップ

ソフトテニスは、ラケットを使ってプレーする競技だ。ラケットをコントロールするためには、肩、肩甲骨、上腕などもうまく使えないといけない。

肩甲骨ほぐし

体のうしろで両手をつなぐ。その状態のまま、胸を張るようにし両手をうしろに伸ばす。両手を伸ばしたまま、10秒静止する。

肩甲骨
肩の下、背中の上のほうにある出っ張った左右の骨

部位	肩甲骨
回数	3回

コーチからの熱血アドバイス

スムーズな動きにつながるウォームアップ

ラケットでボールを打つとき、肩や肩甲骨の筋肉をよく使う。ストロークでは肩甲骨や肩を動かすことから、ラケットのスイングが始まる。そして、上腕、手首へと動きがつながっていく。そのため、肩と肩甲骨まわりの筋肉の曲げ伸ばしを行うことが、スムーズな動きにつながる。練習前にじっくりほぐしておきたい。

ひじ引き寄せ（下）

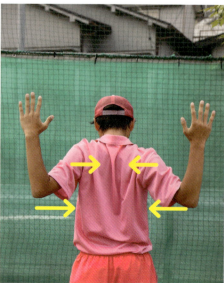

両腕を上に真っすぐ上げる。その状態のまま、ひじから曲げて両腕を下ろす。両腕を体よりもうしろにもっていき、10秒くらい静止する。

部位	肩甲骨
回数	3回

ひじ引き寄せ（うしろ）

肩甲骨まわりが伸びるように、両腕を真っすぐ前に伸ばす。そのまま、左右の肩甲骨を寄せるように、ひじを曲げてうしろに引く。そのまま10秒静止。

部位	肩甲骨
回数	3回

腕の左右スイング

両足を大きく広げて立つ。体のうしろで両手をつなぎ、そのまま上半身を前に倒す。その状態で、両腕を肩からしっかりと左右に動かす。これにより肩甲骨、肩まわりの筋肉を伸ばすことができる。

部位	肩甲骨まわり
回数	左右10回

腕の上下入れかえ

両足を肩幅くらいに開いて立つ。片方の腕は上げ、もう一方の腕は下げる。その状態からゆっくりと、上げた腕を下げ、下げた腕を上げる。肩を中心にゆっくりと腕の上げ下げを行うことで、肩まわりの筋肉をほぐす。

部位	肩まわり
回数	左右10回

第4章 トレーニング

03 筋力アップ

体全体の筋肉をバランスよく鍛える
筋力強化

筋肉をすばやく動かすためにも筋力をつけないといけない。道具を使うことなく、どこでも簡単にできる筋力トレーニングを紹介していく。

よつんばい（足の上げ下げ）

よつんばいの姿勢になる。ひざを直角に曲げたまま、片方の足を上げ、頭と胴体とひざを一直線にする。

上げた足を下げ、反対側の足も同様に上げる。太ももの表と裏、お尻の筋肉を鍛える。

| 部位 | お尻、太もも裏 |
| 回数 | 左右10回 |

よつんばい（手足上げ）

よつんばいの姿勢になる。片方の腕を前に、反対側の足を真っすぐうしろに伸ばして上げ、地面についている足はひざだけつける。その状態で10秒静止する。静止している間は、上げた腕と足は同じ高さを保つ。手と足を入れかえて同じように行う。太ももの裏、お尻、背筋、腹筋を鍛える。

| 部位 | 背中、お尻 太もも裏 |
| 回数 | 10回 |

けん垂

学校の校庭にある鉄棒を利用してけん垂を行う。最初は両手で鉄棒にぶら下がり、その状態から腕の力だけで体を持ち上げる。あごが鉄棒の上まできたら、その状態で10秒静止する。順手、逆手両方とも行う。

- 部位 腕
- 回数 10回

順手：鉄棒を握るときに手の甲が自分のほうに向くように握ること。

逆手：鉄棒を握るときに手のひらが自分のほうに向くように握ること。

腕上げ

うつ伏せになり、両腕は大きく、両足は肩幅くらいに開く。その状態から、あごをつけたまま、肩から腕を上げて10秒静止。肩まわりの筋肉を鍛える。

- 部位 肩、背中
- 回数 2回

コーチからの熱血アドバイス

自分の体重を重りにする

ウェイトトレーニングのように器具を使って筋力アップする方法もあるが、小中学校でそのような器具のある学校は少ない。そのため、自分の体重を重りがわりにするなど、どこでも簡単にできる筋力強化のトレーニングを行っていこう。

このような筋力強化のトレーニングは、自分の体重を重りにしながら、同じ姿勢のまま数秒間静止する。きつい体勢のときには、初めは決まった秒数静止することができないかもしれない。短い秒数から始め、徐々に長くしていこう。

第4章 トレーニング

04 筋力アップ

プレーを支える強い下半身を目指す
下半身強化

フットワークにも、ボールを打つにも、下半身の筋力の強さが影響する。ソフトテニスをプレーするにはとても重要な要素だ。

バックキック

両手の甲をお尻にそえる。その状態のまま、かかとがお尻につくくらいひざから下を上げて歩く。リズムよく、スピーディーに。お尻とふくらはぎ、太ももの筋肉を鍛える。

部位	ふくらはぎ、太もも、お尻
回数	20回

コーチからの熱血アドバイス
踏ん張れる下半身をつくる

下半身の踏ん張りがないとボールを打つときに体勢が崩れてしまい、ミスにつながる。また、ボールを追って走っていっても止まりきれなければ、いい打点でボールを打つことができなくなる。どんな体勢でもしっかり踏ん張れる下半身の筋力の強さがほしい。下半身の強化はソフトテニスを始めて間もないころからでも積極的に行っていくべきだろう。

股関節歩き

足を上げ、股関節から回すようにしながら前進する。反対側の足も同様に股関節から回し、歩く。ひざを高く上げながら回すのがポイント。股関節まわりの筋肉を鍛える。

部位	股関節
回数	10回

ランジ

真っすぐに立つ。ひじを曲げ、手を頭の両わきあたりにもっていく。そのまま片方の足を大きく踏み出す。踏み出した方向に対し、ひざが真っすぐ向くように注意する。もとの位置に戻り、反対の足でも同様に行う。太ももの表と裏、お尻の筋肉を鍛える。

部位	太もも、お尻
回数	10回

蹴るスクワット

腰を下げ、ひざを曲げてスクワットの姿勢をとる。その姿勢から片方の足を股関節から曲げてうしろに回す。反対側の足も同じように回す。できるだけ足を高く上げ、股関節から回すように意識する。

部位	太もも、お尻、股関節
回数	10回

前足タッチ

太もものつけ根から動かすことを意識して、左足を前に上げる。次は右足も同じように上げて歩く。足を高く上げると同時に、反対側の手を足先につける。股関節まわりの筋肉と太ももを鍛える。

部位	太もも前、股関節
回数	10回

第4章 トレーニング

05 筋力アップ

下半身の筋肉を鍛えて動きのスピードを上げる
瞬発力を高める

ソフトテニスは10m四方のスペースを、前後左右に走りながら行う競技。短い距離をすばやく移動するための能力が求められる。

大きくケンケン

ベースラインのうしろ2mくらいから走って勢いをつける。ベースラインからネットまで大股で、ケンケンをして移動する。ケンケンは高くジャンプをして反動をつける。バネのある下半身をつくる。

部位　下半身
回数　10回

両足同時ジャンプ

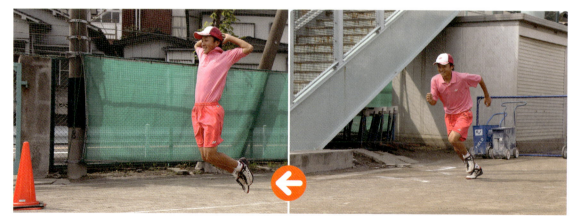

ベースラインのうしろ2mくらいから走って勢いをつける。ベースラインからネットまで両足でジャンプをして移動する。両手は頭のうしろで組んで、背すじを伸ばし、体の軸は真っすぐにしてジャンプする。

部位　下半身
回数　10回

大股3歩

　ベースラインのうしろ2mくらいから走って、勢いをつける。ベースラインからネットまで、大股3歩で走る。股関節を思いきり開き、地面をしっかり蹴っていくことが大事。

部位	下半身
回数	3回

コーンからコーンへのダッシュ

　ベースラインとサービスラインのあたりにコーンを置く（約5mの間隔）。練習者はコーンとコーンの間を全力で走る。左右両方のコーンにタッチする。コーンにタッチしたらすばやく切り返して移動する。

部位	太もも、ふくらはぎ
回数	5往復×5回

コーチからの熱血アドバイス

瞬発力を磨く

　ソフトテニスには、長いラリーをものともしない持久力、そして縦、横10mのスペースを瞬時に動く瞬発力が必要だ。持久力は、走り込みなどである程度は身につくが、瞬発力はダッシュの練習を積み重ねれば鍛えられるものではなく、下半身の筋肉の動きや、ムダのない体の動かし方によって磨かれる。

　ここでは下半身の筋肉を細かく動かしたり、逆に大きく動かしたりして、瞬発力を磨くトレーニングを紹介した。トレーニングごとのポイントをおさえて行おう。継続すれば着実に力になるので、ぜひ日々の練習に取り入れてみてほしい。

第4章 トレーニング

06 神経系トレーニング

脳から筋肉への伝達が、すばやく正確になる
コーディネーション①

ソフトテニスは、走ったり、相手の動きを見たりしながら、ボールを打つ競技だ。2つ以上の動きを同時に行う力を高める練習をしよう。

ボール2つでお手玉

　手のひらを上に向け、両手にテニスボールを持つ。右手のボールを上げたら、左手のボールを右手に移す。上げたボールを左手で受け取り、右手のボールをまた上げる。一定のリズムでお手玉をする。

部位	運動神経全般
回数	30回

ボール3つでお手玉

　左手にボールを1つ、右手にボールを2つ持つ。右手からまず1つ上げ、ほんの少しの時間差でもう1つ上げる。初めに上げたボールが落ちてくる瞬間に、左手のボールを右手に移し、左手で落ちてくるボールを受け取る。3つ使ってお手玉をする。

部位	運動神経全般
回数	30回

ラケット面でボール突き

両手にラケットを持ち、それぞれのラケット面の上にボールを置く。左右のラケットの上でボールをバウンドさせる。ボールをラケット面で受けるときに、ひざを軽く曲げ、左右のボールの高さをなるべく一定に調整する。

部位	運動神経全般
回数	30回

第4章 トレーニング

2人でボール突き

❶ 2人組になって、それぞれのラケットでボールをバウンドさせる。
❷ そのまま片方が相手に向けてボールを上げる。もう片方も相手に向けてボールを上げる。
❸ お互いに相手からのボールをキャッチする。
❹ それぞれのラケット上でバウンドさせ、再度相手に渡すタイミングをとる。

部位	運動神経全般
回数	30回

コーチからの熱血アドバイス

脳から指令をすばやく正確に伝える

サービスを打つときは、脳から「トスを上げる」「ラケットを振る」などの指令が体の各部位へ伝わり、指令を受けた筋肉が動く。その脳からの指令をすばやく正確に、体の各部位へ伝える能力を鍛えるのがコーディネーショントレーニングだ。

ソフトテニスは「走る・打つ」「ジャンプする・打つ」など、2つ以上の動きを同時に行う必要がある。コーディネーショントレーニングを行うことで、運動神経の働きを高め、ボールを打つ技量を上げることができる。

07 神経系トレーニング

遊びながら運動神経を発達させる
コーディネーション②

運動するときには、頭で考えたことが体の各部分へ伝わっていく。頭から体へすばやく指示が伝えられるよう、遊びを通じてトレーニングしていこう。

ボールを2つバウンドさせる

ソフトテニスと硬式テニスのボールをそれぞれ1つずつ、ラケットの上でバウンドさせる。材質の違う2種類のボールは、同じ力をかけてバウンドさせると高さがかわる。体を真っすぐにして前屈みにならないようにすると、バウンドの差が広がらず、ボールを同じ高さに調整しやすい。力加減や弾ませるリズムを調整する力が身につく。

部位 運動神経全般
回数 30回

グリップでバウンドさせる

ラケットを普通とは逆に持ち、グリップの上のほうを握る。グリップの上でボールをバウンドさせる。ひざの曲げ伸ばしを使って体全体でリズムをとることで、グリップにボールが当たるときの力加減を調整し、バウンドが続くようにする。全身をリラックスさせて、ラケットを軽く握ると、バウンドを続けやすい。

部位 運動神経全般
回数 30回

手を入れかえてボールをバウンド

右手でラケットを持ち、ボールをバウンドさせる。ボールが上がっている間にラケットを左手に持ちかえる。左手でラケットを持って、ボールをバウンドさせ、再度、ラケットを右手に持ちかえる。

部位	運動神経全般
回数	30回

テニスボールをリフティング

足の甲で硬式テニスのボールをバウンドさせる（リフティング）。ソフトテニスでは、足を動かしてボールのところへ走るため、自由自在に足を動かす力も必要。上体を真っすぐにしてバランスを保ち、常に同じところでバウンドさせる。

部位	運動神経全般
回数	30回

コーチからの熱血アドバイス

ラケットをうまく使えるようになろう

　ボールを打つといっても、体の動きはラケットにボールを当てるだけではない。相手からボールが返球されたら、すばやく反応して、体のバランスを崩さずにボールのところへ移動する。そして、相手前衛に取られないコースへボールを打たなければならない。これらの動作を行うには、ボールへの反応力、安定した状態で移動するバランス力など、さまざまな能力が必要になる。

　だからこそ、ラケットとボールを使った遊びの中から、ムダなくすばやく体を動かしたり、ラケットをうまく使ったりするための能力を磨くメニューが大切なのだ。

第4章 トレーニング

08 体の使い方

ほかのスポーツで動きをイメージし、テニスに応用する
体の使い方をおぼえる①

野球の投げ方や、バレーボールのアタックなど、ほかのスポーツの動きが、ソフトテニスのサービスやスマッシュの体の使い方をおぼえる訓練になる。

野球のボールの投げ方

❶ 右ひじと左肩を一直線にし、右ひじを曲げて耳のあたりでボールを握る。手のひらが外向きになる。体は正面に対して90度にひねる。

❷ 体を正面に戻しながら、肩を前に出し、続いて右ひじを出す。左肩はうしろに引かれる。

❸ 右腕を伸ばして振る。腕全体をリラックスさせ、ムチのようにしならせる。

❹ 右手の甲を自分の体に向け、腕を振り下ろす。手首はうちわをあおぐイメージでひねる。

部位	肩、腕
回数	30回

📋 コーチからの熱血アドバイス

サービスやスマッシュにつながる野球のボールの投げ方

頭の上からラケットを振り下ろしてボールをとばすサービスやスマッシュは、野球のボールの投げ方と同じ体の動かし方をする。そのため、サービスやスマッシュの練習としてキャッチボールをすることは、とても効果がある。右ひじや左右の肩の正しい動き方をおぼえよう。キャッチボールをするときは、可能ならば、握りやすく投げやすい、硬式テニスのボールを使おう。

キャッチボールでサービス練習

❶ 2人組でキャッチボールをする。ボールを持ったほうは、正面に対して90度に体をひねり、ボールを持った腕のひじを曲げてうしろに引く。うしろ足の右足1本に体重を乗せてバランスをとる。

❷ 肩甲骨を寄せるように胸を張って、さらに腕を引く。左足を前に出す。

❸ 左足が前についたと同時に、体のひねりを戻しながら、肩を出しひじを前に向ける。

❹ さらに体をひねってボールを投げる。投げ終わりは、前足1本に体重を乗せる。腕だけで投げないように、体のひねりと体重移動を使って、全身でボールを投げるようにする。

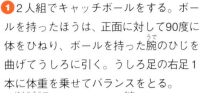

部位	肩、腕
回数	30回

ホームラン競争

練習者はコートのうしろに立つ。2〜3m離れたななめ前から、球出し役が手投げでボールを出す。練習者はコートに向けて大きく打つ。コントロールは気にせず、まずは全力で打ち、遠くまでとばせるようになる。

部位	全身
回数	10回

第4章 トレーニング

09 体の使い方

スマッシュへの対応力が高まる
体の使い方をおぼえる②

野球の「ボールを拾って投げる動作」もソフトテニスに通じるものがある。野球のさまざまな動きを参考に、体の動かし方のコツを学ぼう。

体のひねり戻しをおぼえる

2人組でキャッチボールをする。2人とも、左足を踏み込まず、両足を横にそろえたオープンスタンスの姿勢をとる。そのまま足を動かさずに上半身をひねり、体の回転を使ってボールを投げる。

部位	上半身
回数	30回

同じ側の手と足を出す動きに慣れる

2人組でキャッチボールをする。キャッチボールの相手に対して、きき手側の足を前に出す。そのまま足を動かさずに上半身をひねり、それを戻す勢いを使ってボールを投げる。ネット際に打たれるシュートボールを打つときの体の使い方をおぼえられる。

部位	上半身
回数	30回

スマッシュの打点に入る

　4〜5m先から球出し役がラケットで、高いボールを上げる。練習者は、ボールの落下点を予測してすばやく動き、ボールをキャッチする。キャッチした練習者は、球出し役に対して体を90度の向きにし、左足を踏み込みながらボールを投げ返す。

部位	上半身
回数	30回

ボールを受け取るタメをつくる

　球出し役は4〜5m先からボールを転がす。練習者は、しっかりひざを曲げて下半身を落とし、体にボールを引きつけてからボールを取る。すばやく体を起こしたら、右足に体重を乗せ、左足を前に出して上半身をひねる。上半身のひねりを戻しながら球出し役にボールを投げる。

部位	全身
回数	30回

コーチからの熱血アドバイス

ラケットを使わずにスマッシュ練習

　野球でボールを取って投げる動作は、スマッシュを追ってスイングする動作などに通じる。空中のボールを追いかけて、ラケットで打ち返すのがまだ難しい段階では、より簡単にできる手でボールを取って投げる練習から始めよう。動きに慣れると、スマッシュも打ちやすくなる。また、ボールをしっかりとキャッチするためには、ボールを体に引きつけるタメをつくることが大事だ。ソフトテニスにおいても、ラケットでボールをしっかりととらえるには、焦って打ち返すのではなく、タメをつくってしっかりボールを引きつけることが重要となる。

勝つための
チーム環境づくり

用具や練習場所の不足、部員数が少ないなど、学校によっては理想的な活動ができない場合がある。しかし、限られた環境の中でも結果を出しているチームはある。今ある環境でいかに工夫をして効果のある練習をするかが大切だ。

1 ボールが少ないとき

写真は1回打つごとに交代して打つ練習。

ボールが少なくて練習メニューが限られてしまう状況では、試合練習や打ち合う練習を多く行うとよい。乱打なら、ラリーが途切れるのを待つのではなく、1打ごとに交代する（卓球方式）など工夫しよう。どのような環境でも気持ちの持ち方やアイデアにより、状況はかわっていくはずだ。

少ないボールでの練習メニュー

【ボレーのフォロー練習】
ネットをはさみ、ボレー側とストローク側に分かれる。お互い返球しやすいボールを返す。短い距離でゆるい球から打ち始め、徐々に距離を伸ばして速い球を打つようにする。10回ほど行って次の2人と交代。人数が多いときは1打交代とする。テニスで大切なリズム感が磨ける。

【2対1でボレー練習】（→P.45 STEP3）

【シングルスの1ポイントマッチ】
学年を交えてシングルスの試合をする。先に1点を取った方の勝ち。1本でもよいボールが打てれば勝てるので、下級生が上級生を倒すこともあり、生徒のモチベーションアップにもつながる。人数が多い場合は、コートを縦半分に分けよう。

【1対1でスマッシュ練習】（→P.51 STEP3）

2 コートが使えないとき①
（室内練習）

やわらかいスポンジボールなどを使うことで、室内でも安全に練習できる。必ず学校の許可を取り、周囲の安全に気を配ろう。

コートでボールが打てないときは、室内の空いたスペースを利用しよう。ボールでお手玉するなどのコーディネーショントレーニング（→P.110〜113）は、せまい場所でもできる。このような室内練習をおろそかにしなければ、確実にコート上でのパフォーマンスアップにつながる。

室内練習メニュー

【体幹トレーニング】
特別な器具や場所を必要とせず、テニスに必要な強い体幹づくりを目的にする。1分間、正しい姿勢を維持するところからスタートしよう。

【階段ダッシュで脚力アップ】
校内の階段をダッシュでかけあがる。瞬発力を養い、テニスで必要な脚力、お尻（大臀筋）の筋肉を鍛えることができる。
※校内の階段をトレーニングで使用する場合は学校の許可が必要。先生に確認しておこう。

【ボールでお手玉】（→P.110）

【ラケットでボールをバウンド】（→P.112）

3 コートが使えないとき②
（手づくりネットで簡易コートづくり）

選手が測定しながらコートをつくることで、テニスコートが意外に縦に長いことを知ることもできる。

少しでもボールを打つ回数が増えれば、上達も加速する。そのためにも、移動式ネットやハードルなどを活用し、空いたスペースにコートに近い環境をつくることをおすすめしたい。1面全面のスペースではなくても、サービス練習、基本ボレーの練習などを行うことができる。

※移動式ネットはインターネットでも購入できる。

4 チームの意識を上げる

チームにはさまざまな個性を持った選手がいる。個性をいかしながらチームとして活動するためには、共通の目標を持ち、意識を高めることが大切だ。

①だるまづくり&寄せ書き

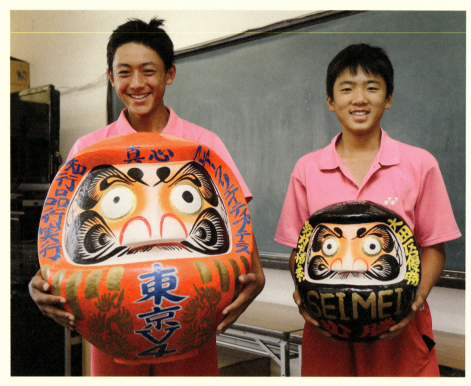

いつでも見られるところ（部室など）に、大きなだるまを置いて、見るたびに気合いを入れる。

試合前に、試合に勝った自分を想像すると気分がよくなる。これは前向きな自己暗示といえる。この効果を利用して、目標を達成したらだるまに目を入れることを想像したり、試合に向けた選手それぞれの思いを寄せ書きしたりすることで、チーム全体の意識が高まる。

だるまづくりや寄せ書きをすることは、チーム全体で同じ目標に向かってつき進むための原動力になる。

②チームミーティング

指導者メインのミーティングだけではなく、選手だけで話し合うことも意識を高める効果がある。

チームが前向きに次の練習に取り組むために、チームミーティングを行う。自分達の足りないところ、よいところ、また技術的な点（得意な打ち方、苦手な打ち方など）を確認することが大切だ。また、選手だけで話し合う時間をつくれば、自主的な気持ちを育てることもできる。

③親子テニス

生徒、保護者、指導者の交流として行う。親子でペアを組み、試合をしたり、練習をする。思春期まっただなかの選手達は、なかなか家庭では親子の会話も少ないはず。だからこそ、ともに時間を過ごし、汗を流すことに大きな意義がある。

キーワードは「共感・共汗・共歓」。こうしたイベントを行うと、選手達だけではなく、保護者間の結束も強くなる。強いチームを目指すには、保護者の理解・協力を得ることが大切。

VARIATION 10×10マスの中をうめていく100マス計算で集中力アップ

単純なことを徹底して反復することで、脳の活性化につながり、集中力を養うことができる。初めは1分を目標に行う。比較するのは他人ではなく、昨日の自分。自分の記録を全力で超えていく。この取り組みから、日々の練習の中でも自分で目標を立てることができるようになる。

日々の練習でもテーマを見つけ、達成したかどうかを自分でチェックできる選手は伸びる。

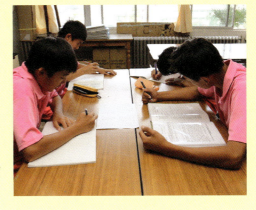

勝つためのチーム環境づくり

5 部員不足

部員が少ないと試合に出られなかったり、練習のバリエーションが増やせなかったりすることがある。しかし、工夫することで状況をかえることはできる。

シングルスを行う際、部員のレベルに差があれば、上級者には負荷をかけるなどの条件をつけるといった工夫をしていこう。

①少ない部員での練習内容

少ない部員で活動をする場合、まずは選手と指導者が、この逆境をプラスに考えることが大切。例えば、[部員が少なくて練習もうまくできない⇒たくさんボールが打てる][試合形式の練習ができない⇒2人いればシングルスができる]といったように考えよう。シングルスでは、ダブルスに必要な力を身につけられる。

少ない部員での練習

【ノーミスラリー（コース別）】
　（→P.69 STEP 2）
【ノーミスラリー（深く）】
　（→P.69 STEP 3）
【半面シングルス】
　（→P.73 STEP 2）
【スマッシュ＆ロビング対決】
　（→P.73 STEP 3）

②他校との交流試合

他校との交流試合は積極的に組むべきだ。その際には、明確な目標を立てよう。「強豪校と戦い、負けからたくさんのことを学ぶのか？」「勝てそうな相手と戦い、勝ちグセをつけるのか？」など、チームの課題や状況をよく考えた上で組んでいくことが大切。また、「次もこのチームと練習試合を行いたい」と思われるようなチームでなければならない。

【他校との交流試合で気をつけたいこと】

①あいさつは自分からすすんで行う。
②審判役は自分からすすんで行う。
③あいさつ、握手など試合のマナーを守る。
④相手チームの指導者にアドバイスを聞く
　（自分達では気がつかないところを教えてもらう）。
⑤他校の先生に質問をする
　（会話力、対話力、コミュニケーション力を養う）。
⑥練習で積み重ねてきたことができているか、慣れていない相手との練習で確認する。
⑦慣れていない相手との試合で、できなかったことを確認する。
⑧相手チームにお礼の手紙を書く。

6 負け試合から学ぶ

負けた試合からは、チームや個人の課題などを知ることができる。負け試合のあとに、チームの戦いを振り返ることこそが一番大事であり、上達するために必要なことである。

勝つためのチーム環境づくり

試合後のミーティング
生徒間でミーティング

試合後、選手同士で話し合うことはとても大きな効果をもたらす。普段の練習でできていたのに試合ではできなかったこと、相手に攻められたポイントなどを忘れないうちに話し合うことで、今後の練習ポイントが見えてくる。最初は指導者が話し合う内容を伝えておいたほうが、スムーズな話し合いになる。敗戦から大きな1歩が踏み出せるよう、ポイントを押さえた、意味のある話し合いにしていこう。

【選手同士のミーティングで話し合う内容】
①団体戦の場合、チーム一丸となって戦えていたか？
②サービスの成功確率は？
③前衛のポイント数は？
④後衛のポイント数は？
⑤優勝したチームと比較して足りないところは？
⑥「掃除をしっかりしているか」など、日常生活から見直す（当たり前のことができない人は、スポーツでもヌケが多くなりミスをしやすい）。
⑦家庭生活でできることは？　例えば、「上達するための自主練習をしているか」「テニスノートはつけているか」など。
⑧どのような練習メニューを組めばよいか？

コーチからの熱血アドバイス

負けはテニスの神様がくれる、次に成長するためのプレゼント

試合に負けること、がんばっても結果が出ないことは、スポーツの世界ではよくある。このくやしい気持ちをポジティブにとらえよう。清明学園では「負けはテニスの神様がくれる、次に成長するためのプレゼント」とよく生徒に話すという。努力し、練習を積んでも何かが足りないから負けたのだ。負け試合を振り返り、課題に対してワクワクした気持ちをもって取り組んでいくことができれば、勝利は必ず近づくはずだ。

厳しい練習を続けるにはたくさんのエネルギーが必要だ。前向きなエネルギーを生むためには、自分の得意なものや、自分の強みを磨くことも重要だ。自分の強み・弱みを常に意識した練習を積んでいこう。

これだけは知っておきたい
ソフトテニスの基礎知識

コートの各部名称

ネット
コートのセンターにあり、コートを仕切っている。

シングルスサイドライン
シングルスの試合で使われるコートのライン。

サービスライン
サービスコートのライン。

サービスサイドライン
サービスコートの左右のライン。両方のコートにまたがる。

サービスセンターライン
サービスコートの中央のライン。両方のコートにまたがる。

サイドライン（ダブルス）
ダブルスの試合で使われるコートのライン。

センターマーク
ベースラインの中央にあるマーク。コートを左右に分けるための印。サーバーは、サービスを打つときに、これを越えないようにする。

ネットポスト
コートの左右に立てられた、ネットを張るためのポスト。

ベースライン
コートの端に引かれた横のライン。横幅が、ダブルスは10.97m、シングルスは8.23m。

コートの種類

クレーコート
ボールのスピードがいかされる、土のコートのこと。

ハードコート
アスファルトやセメントなどの上に、クッション性のある樹脂を乗せたコート。ボールの回転がかかりやすい。

砂入り人工芝コート
人工芝に砂が含まれ、土のコートよりも、バウンド後にボールの勢いがやや止まる。

インドア（全天候型）コート
屋内にあるコートのこと。天候にかかわらず、プレーできる。

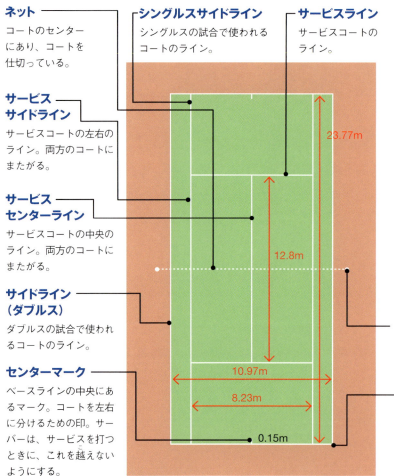

ボールのコース

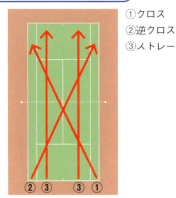

①クロス
②逆クロス
③ストレート

サービスのイン／アウト

Ⓐ サービスコート
サービスを入れる場所。

Ⓑ ダブルスのサービスを打つ位置。センターマークとサイドラインの間で、ベースラインよりうしろ。

知っておきたいソフトテニス用語

ア

アタック	相手を目がけて打つこと。自分に目がけてとんでくるボールを打ち返すことは、アタックボレーという。
アンダーストローク	相手が打ってきたボールを、ひざあたりの低い打点で打ち返すストロークのこと。
インパクト	ボールがラケット面にあたる瞬間のこと。

カ

カット	ボールの下側にラケット面をななめに当てて、回転をかけること。ボールを切るように打つ。
逆クロス	コートの左側から、相手コートの反対側に向けて打つコースのこと。
グラウンドストローク	コートにワンバウンドしたボールを打つストロークの総称。
クロス	コートの右側から、相手コートの反対側に向けて打つコースのこと。
コース	プレーヤーが打ったボールがとんでいく方向を指す。
コントロール	ボールをとばす方向を調整すること。

サ

サービス	1ポイントとるために、打ち合いを始めるときの1球めのこと。「サーブ」ともいう。サービスを打つ人のことは、サーバーという。
シュートボール	コート面と平行に、直線的にとんでいく速いボールのこと。
スイング	ボールを打つときに、ラケットを振ること。
スイングボレー	ラケットを、ストロークのように振って打つボレーのこと。ヒッティングボレーともいう。
ストレート	コートのサイドラインと、平行にボールを打つコース。
ストローク	ボールを打つときの、ラケットの振りのこと。
スマッシュ	頭の上でラケットを振り、強く上から打ち込むショットのこと。
スライス	ボールの下側にラケット面をななめに当てて、回転をかけること。ラケットにボールを乗せるようにして押し出す。

タ

テークバック	ラケットをうしろに引く動作のこと。バックスイングともいう。
トス	サービスを打つときに、きき腕の反対側の手でボールを投げ上げること。また、試合前に、サイドまたはコートを決めるために、ラケットを回すこと。
トップストローク	相手が打ってきたボールを、肩くらいの高い打点で打つストロークのこと。
ドライブ	インパクトからラケットを上に振り抜くことで、ボールに上から下への回転をかけること。順回転ともいう。
ドロップショット	ボールに回転をかけて、ネット前に落とすこと。

ナ

流し	右ききの場合は右方向に、左ききの場合は左方向にボールを打つこと。
ネットプレー	相手が打ったボールを、ノーバウンドで打ち返すボレーのこと。

ハ

バックコート	コートのうしろのスペースのこと。
バックスイング	ラケットをうしろに引く動作。テークバックともいう。
バックハンド	きき腕の反対側で打つこと。バックともいう。
引っ張り	右ききの場合は左方向に、左ききの場合は右方向にボールを打つこと。
フォーメーション	ダブルスで、ペアの2人が陣形をつくること。
フォアハンド	きき腕側で打つこと。フォアともいう。
フォロー	相手の打った攻撃的なボールを返球すること。
フォロースルー	ボールを打ったあとに、ラケットを振り抜く動作のこと。
フットワーク	コート内で、プレーヤーがボールを打つために行う足の動きのこと。
フラット	ラケット面に対して、ボールを真っすぐに当てること。
ポジション	プレーヤーがコート内で、待球姿勢をとっている位置のこと。
ボレー	相手のボールをノーバウンドで打ち返すプレー。

ラ

ライジング	ボールがバウンドしてはね上がったところで打つストロークのこと。早いタイミングで打つ。
ラリー	相手とボールを打ち合うこと。
レシーブ	相手のサービスを打ち返すこと。レシーブを打つ人のことを、レシーバーという。
ロビング	相手前衛の頭の上を、山なりにとんでいくボールを打つこと。「ロブ」ともいう。

監修・学校紹介

監修
高橋 茂 監督

1978年生まれ。京都府出身。平安高校のち国士舘大学体育学部卒業。海城学園講師を経て、清明学園に赴任。ソフトテニス部監督就任2年めに、大田区大会初戦敗退のチームを大田区優勝に導いたのち、11年めに全国中学校ソフトテニス大会個人戦優勝を達成。現在は、生徒指導主任を務めるかたわら、東京都中体連男子強化部長としても活躍。平成27年度より全日本アンダー17男子のコーチに就任する。

学校
清明学園

東京都大田区にある幼稚園・初等部・中等部までの一貫教育を行う私立校。「子供と共に生き 子供を生かし 子供を通して生きる」を教育理念とし、1人ひとりの個性を育む教育を実践している。クラブ活動には、6年生から中等部9年生まで生徒全員が参加する。

撮影に協力してくれた部員達

後列左から　稲垣瑠衣　畑山将一　村上和樹　安達 佑
中列左から　金子 涼　島津桐吾　國光裕人　櫻井亮輔　飯田多惟　両角仁志　伊郷太貴
　　　　　　金倉大智　瀧脇嗣苑　村本健一先生
前列左から　高橋 茂先生　中山友希　松川雄大　高倉和毅　山根稔平　北川 凜　森 まつり
　　　　　　松山 陸　両角友志　安達 詩

清明学園中学校　ソフトテニス部

「あいさつ・礼儀・感謝の気持ち」を大切に、技術と人間力の向上を目指して活動。全日本ジュニア選手に部員2名が選出されるなど、全国屈指の実力を誇る。東京都大会では優勝十数回、平成25年度には大会史上初の個人・団体同時優勝を果たした。関東大会でも平成26年度に個人・団体同時優勝。都道府県対抗全日本大会には9年連続出場、3年連続入賞。全国大会では、平成26年度に男子個人優勝。第2回国際ジュニアソフトテニス大会において、男子シングルスで世界チャンピオンを輩出。中等部から入学した生徒も入部可能。

編集	ナイスク（http://www.naisg.com） 松尾里央　高作真紀　岸 正章　岡田かおり　宿谷佳子　鶴田詩織
装丁・本文フォーマット	大悟法淳一　大山真葵（ごぼうデザイン事務所）
デザイン・DTP	清原一隆　伊藤琴美（KIYO DESIGN）
撮影	齋藤 豊　田村直子
イラスト	有限会社Imagination Creative 野見山 恵
取材・文・編集協力	八木陽子　吉田正広
商品提供・取材協力	ヨネックス 株式会社　株式会社 スポーツナロ

勝てる！強くなる！
強豪校（きょうごうこう）の部活練習メニュー

ソフトテニス

初版発行　2015年3月
第5刷発行　2021年4月

監修　高橋 茂（たかはし しげる）

発行所　株式会社 金の星社
　　　　〒111-0056 東京都台東区小島1-4-3
　　　　電話 03-3861-1861（代表）　FAX 03-3861-1507
　　　　振替 00100-0-64678　http://www.kinnohoshi.co.jp
印刷　広研印刷 株式会社
製本　東京美術紙工

128P 26.3cm NDC780　ISBN978-4-323-06495-6 C8375

©Naisg, 2015
Published by KIN-NO-HOSHI SHA Co.,Ltd, Tokyo Japan

乱丁落丁本は、ご面倒ですが、小社販売部宛てにご送付ください。
送料小社負担にてお取り替えいたします。

JCOPY　（社）出版者著作権管理機構 委託出版物
本書の無断複写は著作権法上での例外を除き禁じられています。複写される場合は、そのつど事前に
（社）出版者著作権管理機構（電話 03-3513-6969、FAX 03-3513-6979、e-mail: info@jcopy.or.jp）の許諾を得てください。
※本書を代行業者等の第三者に依頼してスキャンやデジタル化することは、たとえ個人や家庭内での利用でも著作権法違反です。

勝てる！強くなる！強豪校の部活練習メニュー

- シリーズNDC780（スポーツ、体育）
- B5判 128ページ
- 図書館用堅牢製本
- 小学校高学年・中学生向き

全5巻

全国でスポーツに励む小中学生のために、各種目の強豪校の練習方法を紹介。基本的な練習から実戦練習、筋力トレーニング、チームマネジメントまで、強くなるための方法を完全網羅。練習メニューの組み方も解説しているので、「部活を始めたばかりでどんな練習をしていいかわからない」「練習をしても試合で勝てない」などの悩みを解決できます。

サッカー
常葉学園橘中学校・高等学校 中学サッカー部監督
松下義生 監修
「ボールコントロール」「トラップ」
「シュート」「ディフェンス」など

野球
東海大学付属翔洋高等学校中等部 野球部監督
寺﨑裕紀 監修
「打撃」「守備」「走塁」「投手」
「捕手」など

バスケットボール
実践学園中学・高等学校 男子バスケットボール部総監督
高瀬俊也 監修
「ドリブル」「シュート」「パス」
「ディフェンス」「速攻」など

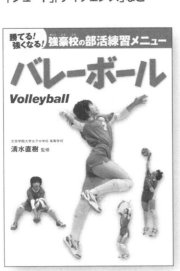

バレーボール
文京学院大学女子中学校 高等学校
清水直樹 監修
「パス」「サーブ」「レシーブ」
「トス」「スパイク」「ブロック」など

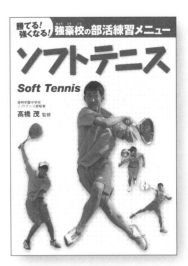

ソフトテニス
清明学園中学校 ソフトテニス部監督
高橋茂 監修
「ストローク」「ボレー」「スマッシュ」
「サービス」「レシーブ」など